圖書在版編目（CIP）數據

元鈔本翠微先生北征録 /（宋）華岳撰. — 北京 ：
中國書店，2021.5
（宋元秘本叢書）
ISBN 978-7-5149-2752-8

Ⅰ. ①元… Ⅱ. ①華… Ⅲ. ①兵法－中國－南宋
Ⅳ. ①E892.44

中國版本圖書館CIP數據核字(2021)第022277號

元鈔本翠微先生北征録

[宋] 華岳　撰
責任編輯：劉深

出版發行：中國書店
地　　址：北京市西城區琉璃廠東街115號
郵　　編：100050
印　　刷：藝堂印刷（天津）有限公司
開　　本：787毫米×1092毫米　1/16
版　　次：2021年5月第1版　2021年5月第1次印刷
印　　張：15.75
書　　號：ISBN 978-7-5149-2752-8
定　　價：95.00元

内容提要

《翠微先生北征録》，十二卷，宋華岳撰，元鈔本。半頁十一行，行二十字，無格。清顧廣圻跋。

華岳（?—一二二一），字子西，號翠微，貴池（今屬安徽）人。武學生，輕財好俠。開禧元年（一二〇五），華岳上疏奏參當國者韓侂胄等人，被貶建寧。侂胄被誅後，華岳歸朝，登嘉定武科第一，爲殿前司官屬，因謀去丞相史彌遠，事發下獄，杖死東市。《宋史》卷四百五十五『忠義傳十』中詳細記載了他的生平。除《北征録》外，華岳還撰有《南征録》，系其詩文别集。

此本無序跋，前有目録，殘存一頁。内容以兵事爲主，分爲十二卷，包括卷一平戎十策、卷二治安藥石、卷三軍國大計、卷四邊防要務、卷五破敵長技、卷六將帥小數、卷七至八治安藥石、卷九采探之法、卷十戒飭將帥之道、卷十一守邊待敵之策、卷十二足兵便民之策。

華岳《北征録》一書此前未見諸家書目著録，不知是否已有刊刻。清乾隆時《四庫全書總目》中收録《南征録》，但是没有提及《北征録》。乾嘉之時，盧文弨刊刻《群書校補》，其中收録的黄稷虞《宋史藝文志補》方才著録此書。光緒二十六年（一九〇〇），鄉人劉世珩據元钞本首次加以刊刻行世。

《北征録》的卷數著録多有差异。《宋史藝文志補》兵書類著録爲三卷，别集類著録爲十一卷。本钞本則爲十二卷。而該書的原貌却非如此。書中卷二收文一篇，從其最後所署『嘉定元年月日國學發解進士臣華岳謹序』推測，這是《治安藥石》的序。序中提到：『謹摭當世利害，編次成集，以備采擇。其有機密幽深、不敢聞泄者，姑俟他日。今所既者，軍國之大計一，邊防之要務三，破敵之長技一，將帥之小數八，器用之小節十有三，采探之法五，戒飭將帥之道四，守邊待敵之策二，足兵便民之策四，總四十有一篇，分四卷，名曰治安藥石，即所謂治安不可無兵，猶膏粱不可無藥石之義也。』從這一段話來看，《北征録》卷二至十二都是《治安藥石》的内容。目前的各種分卷，已非撰者本意。

嘉慶時，此钞本歸著名藏書家黄丕烈之手。其好友顧廣圻見後撰有長篇題跋附于卷末，『翠微先生華岳字子西，在《宋史》忠義十。其《南征録》《北征録》，皆不著于《藝文志》。《南征録》詩居十九，即其别集。此《北征録》，皆兵家言。近盧氏召弓《志補》亦著于别集，從類列也。唯云十一卷者，依此是十二卷，蓋俗本誤并一卷耳。世鮮傳者，得觀于讀未見書齋。楮墨間古香噴溢，三數百年物也，令人于肅然起敬中仍愛玩不忍釋手云。嘉慶庚申顧廣圻記。』嘉慶十九年（一八一四），黄丕烈在跋所藏《翠微南征録》中提到：『余向藏翠微先生《北征録》，系舊钞本，外間罕有也。』黄丕烈之後，此本歸常熟張金吾，《愛日精廬藏書志》著録。張氏之後，又歸同邑瞿氏鐵琴銅劍樓，《常熟瞿氏鐵琴銅劍樓藏宋元本書目》著録，版本定爲『元钞本』。

此書底本共三册，各册末有墨筆記該册的頁數，如第一册『四十四紙』，第二册『卅一紙』，第三册『四十一紙』，又有統計『總三册一伯一十六紙』。書中鈐有『水鏡堂』『河南郡圖書印』『鐵琴銅劍樓』等印。現藏中國國家圖書館。

中國國家圖書館　謝冬榮

二〇一九年八月二十日

目録

翠微先生北征録卷之九

翠微先生北征録 和

翠微先生北征錄篇目終

翠微先生北征録卷之一

平戎十策

再上

皇帝書

開禧三年吉月吉日待罪　國學發解布衣臣華岳

謹昧死百拜裁書獻于

皇帝陛下臣向以狂妄扣

閽乞罷兵事冒犯

天威重蒙

聖慈不賜誅戮謫臣建安迨今兩載伏自待罪以

來日聞邊鄙之音傷痛不已乃知臣前日之所以料

陛下今日之事者審也夫救火於炎炎之時不如徙薪於曲突拯溺於狂瀾之中不如濟人於溱洧今火之既焚水之既溺復將坐視而不恤則燎原滔天之患將莫知其所止矣當其未焚未溺臣不能挽回
陛下之聽臣之罪已不可逃及其既焚既溺復不能爲
陛下撲滅而疏導之臣之罪可勝誅邪臣嘗聞之
帝王之大業者在豪傑掃天下之妖孽者在英雄高
帝惟能收三人傑故赤帝子之業不勞而成光武惟延攬英雄故中興之功定於十有三年之速英雄不收而咨謀於庸常科目之儒豪傑不招而聽命於耆試草草之士臣知其褊見淺識適足以資敵人深長

之謀而輕舉妄動鮮有不壽軍而誤
國者然則
陛下今日之事將付之於書生學士耶抑付之於英
雄豪傑耶夫所謂英雄豪傑者山林特起拜為父師
江湖儁逸視為標準衣冠縉紳足未嘗躡其門王公
大人名未嘗過其目其所究心者門屛缶聽種氷穽
囦飛灰走電風窒水柵木櫃搖波透石遠汲之制其
所籌筭者五福大遊君基臣基天乙地乙四神直符
小遊民基青門直使之訣其所歌誦者長慶人事諸
子秘傳張氏層匲九星營寨諸家秘密之書其所交
遊者唐城桐柏茶于海狗東鄒南偃夾山六安雞鳴

馬嘶羊峴房陵襄淮遺逸之士其所暢望者巢淮漣
泗之淺深可以通津之遠近淮漢荆襄之肥瘠可以
屯兵之多寡其所素曉者淮東多川澤利舟楫而不
利步騎淮西多山林利步騎而不利舟楫其所收集
者皆梁漢奇材荆楚壯士煙雲樓閣波濤樓櫓窟穴
藥石風雲占候之人物其所計度者山口縱陽東關
斥江裕溪馬腸九曲狗溪射楊楊口洲頭楊林之津
要以至荆襄之戰地三十六何地為險淮南之山寨
九十四何寨為要論至於此則英雄豪傑之士其視
夫書生學士之流豈不大有徑庭也哉仰惟
皇帝陛下奮五百歲間生之資恢億萬載中興之業

將以　合天下而為一家　合夷夏而為一統凡兵
家之事無不曲盡其至自宜一舉而朔庭空三箭而
天山定何大兵之出兩周星次而大捷之未奏耶何
調發之師布滿沿邊而廢置之靡定耶據池三尺可
守一城兵家之濠塹也何長淮千里不足以限守禦
之闕也一夫守隘萬夫莫向兵家之險要也何雲屯
百萬不足以塞犯淮之寇也尺寸之地所必爭何賊
鋒未交先自棄其城邑粿粒之粟所必計何賊虜未
至先自焚其糧草也市人可驅烏合可鬬兵家之妙
用也何今日二浙福建江淮荊湖新招之卒其發解
於宣司者乃病於教閱之未精耶唱籌量沙因糧於

敵兵家之奇計也何今日武昌蘄陽山口樅陽池口
蕪湖采石建康鎮江交收之米其樁積於沿江者尚
憲其積之未豐耶臣嘗深思而熟計之矣非
陛下之寵遇者皆科目行伍之材而英雄豪傑之材
則未蒙於寵遇擢用者皆規矩準繩之士則未蒙於
（一本泛駕不羈之士）
擢用故如是歟自今以觀師行千里命下兩載求賢
之詔下郡國者無一字薦賢之書入章奏者無片紙
荊襄之遺逸未聞其姓名江淮之豪放未識其面目
人材何自而能出事業何自而能濟以故甲日亦戰
乙日亦戰不知夫壬遁之為何術也生道亦出軍死
道亦出軍不知夫青黑之為何神也張曰可將則將

之李曰可罷則罷之不知張李之説孰為果然耶左曰可攻則攻之右曰可守則守之不知左右之説誰為適當耶吁廟堂有知兵之臣則總調發者皆真實之材宣司有知兵之士則受節制者無僥倖之將故廟堂知兵則知兵者進而不知兵者退宣司知兵則知兵者將而不知兵者罷兵不自知而一切黜陟之術悉聽諸人吾見其事業之所成有不待智者而後知其必敗也今日之事正坐乎此一則取士而不得其實二則招軍而不盡其材三則禦騎者未得其具四則陷騎者未有其策五則得其地而反失其心六則守其地而復無其備七則恩威之不明八則利害

之不容九則急務在財計而財計未豐十則邊計在馬政而馬政未備十者之弊非有英雄豪傑之士為陛下洗而新之則它日敗亡之患蓋有不可勝言者矣臣請為　陛下條陳之恥士　臣嘗讀孫子一書至十三篇之末其論上智為間有曰殷之興也伊摯在夏周之興也呂牙在殷殷周之王固天命之所攸屬也何伊摯呂牙之能為興亡也哉蓋用間之法不以豪傑之未至為可憂而豪傑之去國為可慮不以英雄之未附為兵家之急而以英雄之去已為腹心之憂故雖夏未亡而摯去則亡周雖未興而望至則興是知英雄豪傑之去留為社稷邦家之休戚而今日

之急務誠在此而不在彼也況夫名山大川秀所由鍾墳山喬嶽神所由降千歲之日至則間世之士生必有魁楚之材特起之子夢寐未形占卜未見寓於負販閭閻流俗之中隱於耕農商賈草萊醫卜之下羅之以科舉耶彼不善於章句之儒誘之以利祿耶彼不由於聞達之路置之於駐劄將佐之中耶彼不生於營壘行伍之地三城桐柏之耕農羅源貫木之樵牧六安遼峯之高隱羊峴房陵之商販類多抱負所長高出世表能否相參有無相授非不欲求用於世以盡所蘊然上則招致無方而下則無階可進內則搜訪無術而外則無門可入是必　廟堂廣於延

納而無間於疎遠幕府勤於聽覽而無拘於早暮監司州縣專於薦舉而不遺於微賤其門有八一曰有官謂沉溺下僚不能自奮二曰無官謂素在草茅不能自達三曰世家謂將帥子孫不能自効四曰豪傑謂江湖領袖山林標準五曰罪戾謂曾犯三尺求脫罪籍六曰黥配謂材氣過人輕犯刑法七曰將校謂素有謀畧久淹行伍八曰胥靡謂隱於吏籍不得展布臣愚欲望　朝廷明賜告諭上而二三大臣握髮吐哺結四方豪傑之心下而中外諸將解衣推食作一代英雄之氣在諸路則責之於監司州縣在諸軍則責之於制領將佐開推輓之門去游謁之禁諭之

以文牓激以忠義識軍國之利害者許其自陳識山林之豪傑者聽其自薦使天下有愛
君憂　國之心者皆得布露有過人脫穎之材者皆得導達擇其所陳果有切於軍　國大事者解發宣司審覈其實發付軍前隨材錄用其有言詞浮誕鄙瀆世俗者焚之其有互易鄉貫指陳他事者毀之言詞朴直無令棄置思過人之資拙於朱墨虛辭華麗無令收錄思科目之儒例於奔競如此則聞達者既至不求聞達者亦得以識其姓名利祿者可招無心於利祿者亦得以知其巖穴不然則草萊之雄未能盡致反有以滋他日匹夫窺覘之私山林之姦不能盡

收適有以啓異時蕭墻眦睚之釁令我
國家用師百萬運糧千里宇内聳動天下響應率未
聞有能薦一豪傑舉一謀士不知淮自桐柏以東為
里一千六百沙淺之地凡一百一十有一而海嶋皆
通津焉沿淮屯守之師自喻口至浮光不過一十餘
所中間利害去處十關八九漢自郢京以西為里一
千四百灘磧之險凡八十有一而桐棗之地千里平
坂寸土尺水畧無限隔而荆襄守禦之兵自信陽安
復至荆門光化亦不過六七屯戍間道甚多拒禦不
及嬰其四集之鋒而塞其闕然不滿之處殊未有能
任其責者蓋懷材抱藝之士耕雲釣月之徒天下晏

然四方無事猶切意功名更相勸勉以圖進取事業之秋孰甘跡外苟招致之不厭旁求之未盡則捨虞之秦者烏知其非百里奚背楚歸漢者烏知其非韓淮陰況夫楊朱之歧可以南可以北孟軻之水決之東決之西前晉後楚無路不通左趙右燕無關可隔是可不為之慮耶此取士之說臣所以拳拳於論事之首也　招軍臣嘗觀太公練士必因其能否聚為十一等級未嘗有廢棄不用之卒吳起練銳各因其材別為五等故決圍屠城無施不可夫天之降材不可以一律拘故君之用材不可以一槩論將限之以等量耶長者或懦而無能短者反勇而有用將律之

以肥瘠耶肥者或拙於驅馳瘠者反俊而驍勇將齊之以老少耶少者或鈍於教閱老者反精於鞍馬將乘之以善惡耶善者或嫵於姑息惡者反雄於戰鬪將責之以門望耶尺籍伍符之子或驕墮於不學破落游手之人反已命於不顧何者攻城掘地惟穿窬之盜斯能成鑽斡之功長鎗大劍之材無用也漂流破堰惟沒海掠潮之寇斯能成潰決之功揭竿斬木之材無乘也況舟漏艦則過淮盜馬越漢運鹽之子斯能成出沒淵源之功彎弓牧馬之材無能也襲營壘警保寨則畫伏夜動神出鬼沒伺人之墻壁覘人之財寶者斯能容其出入之蹤畏刑懼法之徒無所

施其巧也探賊營之虛實窺賊軍之旗號視死如歸飲毒如蜜者斯能捨其性命之重頗惜之士無所用其力也夫有一技則生一材有一材則濟一用因技以求材因材以濟用其說有六一曰合格謂身及等仗體無殘疾二曰亡命謂漂泛淮海藪誘溪洞三曰逋逃謂懼罪逃竄思得自効四曰破格謂等仗雖陞而驍勇過人敢体雖殘而武藝無敵五曰盜賊謂累犯刑法無生可謀甘為盜賊無術可禁六曰私販謂私販商権偷瞞商稅廣行招致隨材任用其有犯法必殺無赦仍令選擇材技分為十等各置將隊有善穿窟穴可以攻城者聚為一卒名曰窟穴將以備

攻城之用有善弄潮泛水者以浮渡者聚為一卒名曰波濤將以備錐鑿賊船之用有善攀椽上屋緣梁走柱可以登陟者聚為一卒名曰樓閣將以備登城越險之用有善飛煙射火流光走爆可以通放者聚為一卒名曰煙火將以備燒毀城邑之用有善夜行不以燈燭可以暗襲者聚為一卒名曰潛身將以備驚劫賊營之用有善捕獸獲禽籠檻教使可以馴熟者聚為一卒名曰飛走將以備立神出恠疑兵惑敵之用有善上竿立索可以超望者聚為一卒名曰輕捷將以備登高望窺伺空便之用有善知海道蹊徑黃黑洋島者聚為一卒名曰洋海將以備浮江泛海

潛兵密渡之用有善撐駕船艦驗風辨雲者聚為一卒名曰風雲將以備移風易雹閃誤舟船之用有善雕鐫陶鑄機織銷畫者聚為一卒名曰機巧將以備不測設為㤝眼異旗誤敵之用其餘搭材工匠悉如常法則兼收並蓄悉無所遺苟以為長而及等仗者為弓手鎗手短而插指版者為弩手斧手不知弓鎗弩斧之外猶有餘用也無請之子弟為馬軍新刺之百姓為步人不知步人馬軍之外猶有餘材也不曾犯徒不曾刺環無殘疾者可以充招而不知犯徒刺鐶尺指耼目之中其果勇有大過人者及今我國家諸軍駐劄之兵並已差出而守營壘者皆老弱隊外無

用之卒諸州禁卒及寄招三分之兵並已揀發而留家基者皆殘疾廢棄之士去歲他郡未知豐歉而福建一路禾苗白死收不及半泥足方乾而民已告饑刈鐮方解而糴已告踴若不盡行招致兇惡無賴亡命之子歸為　國家大用臣恐姦雄不出而無藉亡命反為吾境之內妖祥烏合無歸而不逞嘯集反為我山林之佐異平居無事猶可諉者今方興舉恢復大事可不預為之計哉此招軍之法臣所以拳拳於論事之次也　禦騎臣聞古人以騎射為匈奴之長技前輩謂虜人騎兵非中國所能敵蓋敵之所長者馬軍所能者騎射也吾能料其所短而不能料其所長

則已一而敵二非兵家之上謀吾能制其拙而不有以制其巧則敵筭多而已筭少亦兵家之深患況河南冀北之地為地最廣而蓄牧頗多吾國之數十不足以及其四五宕昌橫山之監為地絕遠而驛程斷絕吾國之馬十不足以及其二三馬步三司之馬雖僅有數萬而羸弱老病將及其半江上諸軍之馬亟過五萬而在假未該入隊之數不啻三分之一此其為馬亦非中國之所能敵矣況吾之馬行石則瘸行泥則陷敵之馬則雨雪連月其去如躍沙磧千里其疾如飛而非吾馬之所能敵也吾之馬遇午而飲遇晡而料敵之馬則連牧數月而汲飲不拘連餓數日

而乘騎不乏而非吾馬之所能及也然則何以制之耶曰車而已夫所謂車者太公之扶胥其制不傳於古楚子之乘廣其用不適於今宣王之四牡八鸞則百五十人之制於曹鄭爲太多荀吳之攻車守車則一百人之制於荆淮爲太少昔信陽使臣張諴嘗爲車以獻於　朝矣下置四輪上施一屋前張以幔後掩以木其制非不善也然十人兩牛非獨力之所能舉昔池州帥臣劉震亦嘗爲車以獻於　朝矣下置一輪上載一弩頂覆一蓋中立四柱其觀非不美也然上重下輕非獨輪之所能勝蓋張之本意惟欲其運粮故兼用以禦敵始於敵不可禦而終於粮之

不可載臣之為東則不然能揔数本之器而聚以成車則車之用可以禦敵騎之衝突分一乘之車而析以成器則器用可以賙吾兵之搏擊平原曠野則合而為車也勢如山岳環如營壁而敵騎不得以嬰吾之鋒阻山帶河則析而為器也長以禦短短以禦長而敵人不得以測吾之妙古之車重而艱於回環也吾之車輕而易於回環古之車大而艱於般運也吾之車小而易於般運古之車行地一丈二尺吾之車亦行地一丈二尺而雕斲之工比古為無費古之車一乘當八人而吾之車亦一乘當八人材幹之用比古為不多前掩以牌㳂以藥石而火不能焚水不能

濕中貫以鎗透以孔竅而行則後推陷則前牽平地大坂賊方欲逞其騎射之能吾乃以是車而列陣之前則敵之射騎窮矣便風利地賊方欲極其番馬之勁吾乃以強弩伏之於車之後則敵之馬軍鈍矣無他弓之所極者近而弩之所及者遠步之所禦者虛而車之所禦者實中發以及遠之弩外捍以禦實之車則伏從胷背而發騎從腰脇而出敵雖聖智亦有所不可逃矣此臣所謂禦騎之具也

陷騎

臣聞近者諸軍制為黃克頭鍪頭神勁神臂弓之屬以其破其騎射之能

制為木文沙欄拒馬鹿角之屬以破其邀截之速其術似矣蓋弩能發矢於數百步之外使彼之騎射不得以及於我也然皆用於步人而步人素非馬軍之敵具能禦敵騎之邀劫而使敵之騎軍不得以覆於我也然皆病於重滯而非一士一卒之所能獨輦致弩之弊在於步人必有捍蔽斯可後伏臣之輕車非弩之捍蔽歟物之弊於重滯或有般挈皆成弃物臣之輕車非物之輕捷歟張騎為翼有所不能掩附火於箭有所不能燒車之用固妙於當代矣然車可以制敵騎之衝突而不能追迫虜騎而置於必死之地車可以遏虜騎之邀擊而不能暗陷虜騎而納於

必敗之域彼有為鐵蒺藜之具使馬足受刺而連顛於道路矣然鐵蒺藜之錐尖而且小馬足上覆則深没入土而不足以透其蹄甲之堅也彼有為木蒺藜之具使馬足中毒而蹶覆於隊伍矣然木蒺藜之錐鈍而不利馬足受踐則鋒角摧折而不足以破其蹄甲之厚也彼復有造為守城之具曰連板茅針上有一錐下置一板或者以之而陷騎然敗於醜形而易見下馬步行可拾而承上馬乘騎可望而避而不足以陷騎也彼有造為守城之具名曰鵝項茅針首尾有錐而身腰兩曲或者以之而陷騎然敗於坌揷之不堅受壓於東則斜倒而西受壓於南則斜倒而北而

不足以陷騎也彼有所謂鐵皂角者鋒固利矣而枝
柯之軟無所取材復有所謂鐵菱角者制固美矣而
塵沙之陷無所施巧然則皆不可以陷騎而何以制
之耶曰鐵蕈曰竹貯而已夫所謂鐵蕈者上錐下平
狀若木蕈踏之則下不入土壓之則上可入肉錐綴
於畜馬蹄甲之下而不容取剔是謂鐵蕈夫所謂竹
貯者一毬六鋒狀如鼠粘四圍有錐而可破蹄甲中
間有蕭而不沒塵土馬蹄及之則上尖下圓而牢不可
破馬足踢之則六方有鋒而左右中毒而不可以手
握而恐其傷人不可以帛裹而恐其脫穎是謂竹貯
惟是藥之以錐而所中則與藥俱中筒之以竹而欲

放則倒筒而放夫馬之為物非人可比一馬或顛則左牽右絆而百馬皆顛一騎或覆則前挨後觸而百馬皆覆無它互相控制故衆倒不容以自支交相逼匝故連蹶不能以自止惟能以輕車之制而絶其騎之不可來復以鐵蓮竹貯之具而陷其騎於不可去敵雖聖智亦有所不能逃矣此臣所謂陷騎之策也

收京○得地夫兵有萬機係乎一將人有四体係乎一心一將不謀則萬機皆失一心不安則四體皆病故三蜀之地人心在閑京淮之地人心在城合數十州而為蜀固非一朝可破也然一閑苟失則三蜀之民皆無自存之心總數百里而為城固非一夕可虜也然一

亢可攻則三軍之衆皆無自守之策此無它人心之所恃者在關與城關之與城既不足恃毋恠其傍徨而無計也二廣之心在於嶺二江之心在於江一夫越嶺則全廣之民皆憂惶而不可禁一舟渡江則江南之民皆潰散而不可止此無它人心之所恃者在嶺與江嶺之與江既不足恃無恠其束手以就擒也故善用者兵必先守其心而不失其所恃焉斯為善守之策矣故古人之用兵不以地為難取而以地為難守不以城為難拔而以城為難據得敵之城而復陷於敵若未害也然敵人之再得則必怒其城中之人前日敢於降我而逞其殲滅之威則它日未下之

城豈不為後者計哉強則進弱則弃去此非素有之物奚足恤世然敵人之既奪則必懲其將帥民旅前日之敢於叛已而極其殺戮之暴則其餘未降之邑豈不為它日計哉此一郡之失則百郡無敢降之心前車之顛則後車有覆轍之戒況夫淮北之地城外平坦無屋可居無營可守賊若突至城下嚴兵拒閑不得與戰伺其夜而將卧則密遣一軍激其腹背遇賊整兵則沿門復反而不與之鬬迨其卸甲偃息則又出一軍以震之由是自昏至曉無時而息則賊軍夜不得以偃卧矣伺其曉而將炊則密遣一軍突其營壘遇賊覺知則挨門復入而不與之戰迨其

卷甲釋兵則又出一軍以數之由是自曉而午自午而暮無時而已則賊軍晝不得以飲食矣伺其馬之飢而刈草蒭於遠所也吾復引兵小出别門以襲其壘則賊兵不能弃營出刈而賊之馬餒矣伺其軍之渴而求飲汲於它澗也吾復引兵急出它道以窺其後則賊兵不敢控馬遠飲而賊之馬渴矣吾之兵更出更入而出入不時則賊之兵日夜驚惶而進退無策吾之門或開或闔而開闔不常則賊之兵首尾相結而去留無計欲侵掠於遠郊則懼吾兵之急乘其隙欲奮死於一戰則遇吾兵之不應其鋒風則飄揚砂石糝塞眼目而賊兵不安於曠蕩之場雨則淹濟

廬舍漂洒肌膚而賊兵不便於泥塗之地熱則曰烘冒背而連宵不睡之卒恍然如醉而手足不能以自舉寒則冰結鬚眉而數日不食之兵僵焉如仆而寃寃不能以自全外則驚其糧饋而不使通内則謹其烽燧而不與校近則旬日遠則一月至其人倦馬疲晝驚夜畏然後出吾輕鋭之師衝其要徑強勁之弩伏其歸道敵雖聖智亦不戰而成擒矣守城之秘法三十六其要則曰種柴曰貼城曰招箭曰虚幟曰暗塹曰透火曰備灌曰倒楗曰截徑曰窑戈曰漏窑曰合洞曰門棧曰敵籓之屬最為緊切而今未之設也攻城之秘法四十二而其要則曰流星丁反炮曰透

窟曰灌水曰聚沙曰堰板曰飛橋曰洒毒曰採鴿曰風藥曰流火去粮之屬最為緊切而今未之曉也吾今盡其所謂守城之法而尤備其所謂攻城之法故勝在我而敗常在彼巧常在己拙常在人然是法之外必求城外通衢可容賊騎往来者為伏筌之法法用批竹成鎗煉之以火埋搶於地絆之以藤馬足受絆則藤急槍出自中其胷臆矣此伏筌也復求吾城之小徑可通賊出入者為暗穽之法法用掘地成穽廣三寸深一尺破竹成鬚横用兩圈縱卒刺人足受陷則脚出入而自其脛腫矣此暗穽之法也恐賊夜至而窺我營寨也為觸網之法法用木樁一張竹檐

七片貫樁以擠而成弩制如獵具以之觸馬則線高三尺五寸而馬首可穿以之觸人則線高四尺五寸而人首可貫弩機與一線相通觸線則弩機自發賊人遇之必疑吾兵之夜伏而不敢及我矣此觸綱也恐賊夜襲而驚我士卒也為伏虎之法法用樁六十枚横木三十枚縛而為架制如曝竿縛羊三十羫於樁架之上洩鼓三十面於樁架之下羊足與鼓面相及羊怒則雙足擊鼓夜不絶聲賊人聞之必疑吾兵之夜出而不敢以近我矣此伏虎也营壁不堅恐其驚噪為反疑之法法用啞炮藥線炬火鬼灯各穿貫於硫黄焰硝紙撚之上 計夜時刻為線短長先

為白衣撐立如人數枚置近炬火過燒藥燃至炬火照見白色之衣宛如人立兼啞炮鬼燈之類相間而發賊人見之將謂吾兵暗伏而自遁去矣此反疑也

道路阻隘恐為盜刼為遠更之法法用響棒幇子銅鑼隊鼓四件各置撞槌於近水去處立一水車隨水運轉車上安槌或密或疎遇車轉則槌棒自打亦用白衣撐立如有人物木枝陰暗如有庵舍置近金鼓蕉響棒幇子之屬相間而發賊人聞之將謂吾軍潛伏而引退去矣此遠更也白穽之法內安竹簽鐵針皂角刺之屬上則掩以沙土而隨其地之顏色使賊人止知其為沙土之地而不覺足陷此白穽也青穽

之法內亦安竹筌鐵針皂角刺之屬上則掩以麻麥草芥隨其物之種類彼賊人止知其為麻麥草芥之地而不覺足陷此青穽也馬拖之法絆索於道繫鎗於索索出於地鎗掩以土遇馬足被夯而走則索尾之鎗悉自卓其腿腹矣此馬拖也馬筒之法掘地一尺口闊三寸內置四鏢中分四旁遇馬被陷而拔則筒口之鐮悉自中其蹄甲矣此馬筒也若此之類不容偏舉如此則敵兵雖強何術之我加敵衆雖多何禍之能及我將反有以收其接營休士之功而掩覆乎敵人之所不及矣臣故曰得地而反失其心者此也

守地臣聞故鄉之歌帝王者不能免懷土之念小人不

能忘彼其丘墓之營非一祖一宗之積田園之樂非一朝一夕之故一旦束裝以遷襁負而去吾之屋廬皆賊人之營寨吾之馬牛皆賊人之鱠炙遺弃之數倉米粟反有以資賊人之粮食遺弃之金寶財帛反有以資賊人之橐囊吾之父老皆顛隮於道路吾之幼稚皆遺擲於溝壑見其父老之顛隮則子弟無心於戰鬬見其幼稚之弃擲則父兄無心於守禦求（稽）之於昔靖康紹興之間橫澗山之不守而濠梁以陷紫金山之不守而三邑以戕大江之南平時豐稔猶藉兩淮粒食以給歲月一旦淮北之民反輻湊於平日倚糴之地日添食衆一千萬口月添食粟九千萬石

積以歲月之久計以繫劉之數商車既竭庫土亦空

當是之時米斛五千銀兩五百留於淮堧者皆程傷葬於江南者皆餓死此其事業之不振蓋基於山寨水寨之不守也驗之於近去冬今春之間鍾離定遠之民不安之於高九郎烽火横澗文賢之山而濠梁之民皆罹於變遷之若安豐壽春之民不安之於燕九娘龍神二郎崗蘆塘之山而芍陂之民皆淪於轉徙之難盱眙高郵之民不安之於毛工胡鼻蓮花之山而淮東之民皆死於瓜洲揚林江船之不得渡灌丘正陽之民不安之於鐵腳桐山楓原西安之山而淮西之民皆病於英六北峽關守把之不能出當是

之時長淮千里白骨如市舉目一觀橫屍滿野父老幼稚爲淮堧之鬼者不知其幾千萬人牛羊粟穀爲賊人之所有者不知其幾千萬計此其敗亡之踵至亦基於山寨水寨之不守也夫兵家之法在我無間之可乘然後彼之間可乘於自固之後在己無隙之可伺然後彼之隙可伺於自治之餘故古人不務攻敵之城而必重於守己之城不務掠敵之地而必堅於守己之地己之地能守而不援則彼之虛可乘而無內顧之憂矣己之城能守而必固則彼之隙可伺而無後顧之患矣今 國家屯兵於淮東而淮東素號爲川澤之國川澤之國多水寨雖淮西亦有之未

如淮東之多所凡小洲大渚沙嶼石磧水勢環遶人所不到之地皆水寨也自謝楊綠楊石鏡老鸛新開諸湖而言凡四十餘處而相通之寨九故當修為水寨使近水之民皆居於一寨之中而無虜劫之患頃不便歟然或者猶謂織席為廬流亡之民固可以偷安積土為壘遷移之衆固可以自足然外無重城何以捍賊兵之暗度內無堅壁何以杜賊兵之潛涉殊不知水寨之法淺則有伏牛暗樁可以破賊人之樓艦深則有草拉沉纜可以挽賊人之舟楫浮則有綿穰稻稈能使賊船之來草不可踏櫓不可搖沉則有錘錐浮鉤能使賊船之來淺不可移深不可去蘆椑

葦栰阻以撞竿斜樁而不可到則因風縱火之術賊不可施而我反可施浮罌坐皷阻於蘭河截汶而不可入則浮箭流火之術賊不可用而我反可用凡修水寨之秘法二十有七無不畢備則吾之民老弱偕安而賊人無路之可通吾民之粮牧兼全賊人無門而可破所積之物吾軍苟至則資以三軍之用而有以寓奪敵之基所居之城賊兵苟至則資以為三軍之用而有寓奪敵之基所居之城則視以為腹心之憂而不敢以為無人之境然則今日守邊之策其可移於此耶今國家屯兵於淮西而淮西素無山林之地山林之地多山寨雖淮東亦有之而未能如淮西

之為多慶凡山壟巔峭於上平下險無路可登無階
可陟人所難之地皆山寨也自安六信陽舒城東巢
庐江諸沿邊而言凡九十四處而外有無之水砦六
故當修為山寨使近山之民皆居於一寨之中而無
流竄之患頗不便歟然或者猶謂登山為險固足以
為一時之計絕頂為營固足以苟目前之安然上無
井泉則罌藏桶貯之水不足以給旬月之久其何以
經賊人之圍守下有平坦則木耒石砲之具不足以
歷時日之深其何以備足賊人之弓弩殊不知山寨
聚竹為輪透竹為筒可以為繳繘之器而天雨之水
既得於留藏而充足於日用曲木為架斵木為車可

以為遠汲之溜而山泉之水又得於引傳而備禦於天旱陰岩石窰可以種水以浸潤自生合槽埋水可以積水而清潰不絶慮粮食之難運於上則有粮船斜車以濟夫人力之所不可及慮賊寇之易至其下則有浮木溜脚以絶夫人迹之所不到方員二色之来隨其山之險易而不使之妄發灰火二色之砲隨其賊之遠近而不容於巧避燒土為圓可以粉賊人之皮笠擊石為弾可以破賊人之頂板硬弩之外又造踏脚城以杜賊徑使賊人之兵可見而不可近强弓之外又造輪箭車以避賊矢使賊人之箭可發而不可及凡山寨之秘法三十有六無不畢備則吾民

之老幼皆安而少壯願從於戰鬭吾民之粮用皆全而盜賊無從而虜掠近寨而攻上寨甚險而不得以遂其謀越寨而過則下寨甚易而或得以襲其後然則今日守邊之策其可後於此耶前日國家注意於海泗宿亳之地而淮南之地反不注意究心於唐鄧陳蔡之區而襄漢之區反不究心故大兵長驅於前而彼適得以躡我之後諸道並進於北而彼反得何以闚吾之南老幼流亡而少壯無心於捍禦城邑毀殘而將士無心於戰鬭守遺粮弃谷皆敵人之羸餘流馬奔牛皆敵人之輜重使無二三偏裨極力捍禦則幾使長淮之南盡入虎口大江之北均為魚肉有志

之士豈不痛哭於此為今日之計莫若行下兩淮州軍每一寨置寨官一員令借補資秩以為之主宰每十寨置一將令係省特差以為之特提督民有自備一寨與衆同居者厚以大恩民有自出錢粮與衆用度者優之以賞仍令勸諭土豪形勢揔首統轄及願補名目之士然其邇住之民依山水二寨成法修治於官無費於民有益庶使沿邊之民或有緩急各無流徙之憂而義勇弩手忠勇等軍亦安於戰鬭而無老幼妻孥之患矣臣故曰守地無復其備者此也 八至六丙

恩威

臣聞豆羹之得不得生死之所由分羊羹之及不及

勝敗之所由繫恩威之不明三軍之大患也自今觀之諸軍之効用馬校則日請錢三百米三升至諸軍之吐渾雄威則月請錢三千米一石五升耳何重於効用馬校而輕於吐渾威雄也新招之敢死則日請錢三百米三升諸路之将兵月請米一石五斗或一石八斗塩一斤半或錢三百耳何重於敢死而輕於諸路将兵也夫用命當先奮身不顧均一死生也所遇之軽重乃如此之陪蓰爲趍事赴功之際寧無不均之嘆哉此借曰效用敢死皆緩急可托之兵故宜優其所請然則吐渾威雄諸路将兵是国家故使之為不可托之兵而徒費府庫耶安撫司之强勇日請

錢三百米三升至安撫司之親兵則請與諸州之禁軍相為上下耳何啻於此強勇而薄於親兵也兩淮之萬弩手則歲免田租三百畝已及一千余緡忠義軍兵令自備錢粮器甲何啻於萬弩手而薄於忠義民兵也夫視死如歸効死勿顧均一性命也而所予之厚乃如是其不相若也萬死一生之際寧無不平之氣哉借曰強勇萬弩手皆緩急有用之兵故當厚其所養然則親兵忠義民兵是国家故欲使之為無用之兵而徒費錢粮耶諸軍新招之弩手則月請一石八斗錢三百而已弩手一也何又為諸軍之弩手而劣於諸將之弩手哉諸路禁軍所以逃亡也諸軍

新招之水手則日請錢三百米三升而沿淮之水軍
水手則自種自食而已水手一也何優於諸軍之水
手而劣於江淮之水手哉此浮光正陽諸砦水軍之
失律也左翌軍摧鋒軍之出戍訓練官部隊將則各
添支十千茶湯五千何南巢浮光襄陽天長六合維
揚黄崗出戍之訓練官部隊將月止得於本券而添
支茶湯之俱無諸州軍之廂軍牢城月請石五衣賜
在外買工坐食而生平不聞金皷之聲諸衙占破而
終身不辨旌旗之色何諸州之禁軍居則責以教閲
出則驅以戰闘而所請亦未能遠過於廂軍也夫沿
淮之水軍自種自食而與諸軍廩給之士劍赴戰爭

兩淮忠義民兵之自備器甲而與諸州有請之兵例從於征討諸州廂軍之坐食不勞而與禁軍之出戍者同禄是三者之弊廟堂詎可不急為區處耶馬步三司諸軍之制領尤營出戍之将佐與夫訓練官部隊将旗教頭之類升差之法除伴射獲賞及射中鉄簾人自合升差其余遇有窠缺即合令諸軍隨其等級旗教頭有缺即於親隨内拍試武藝冣高絶者充補部隊将有缺即於旗教頭内拍試武藝最高强者充補訓練官有缺即於隊将内拍試武藝最高强者充補以至将佐制領亦皆循序而進不許越階而得庶使所部之人服其材藝畏其號令而無陵犯玩侮

之患不然戢以勢差官以賂得而夫人皆得以逞其僥倖之私而士怨萃矣勸懲之君子仍其舊弊耶抑将以作成士氣耶京淮忠義之統率萬弩之統領與夫民将付義軍揔轄揔首之類升差之法除曾立戰功及累勞績人自合升差外其餘遇有窠缺即令諸揔隨其等級遇将付總首揔轄有缺即於隊伍中拍試武藝高強者補充補統領統率有缺即令将付揔轄揔首中即令将付揔轄揔首中拍藝拭武藝最高強者充補以至旗頭敎頭軍頭隊将押隊部隊将莫不使之人盡其戢能各逞其所長所以為中服衆人之具庶使所部之人推服其材聽從其令而無欺玩

之意不然則官以僥倖差祿有濫及凡勢人之家揺
之子皆得以得其結托之私而公議屈矣勸懲之一君
子抑將聽其自然而置之不問耶抑將使頭目皆過
人之材而行伍無不平之氣耶夫不歷行陣者皆濫
厠於頭目而屢立戰功之士反奔走於下僚怯懦疎
拙者皆倖遷於將佐而材武勇冠之人反淹回於隊
伍膏粱纂豢多貲之家皆得以躐取將師而孤寒貧
乏無依之士終身老死於馬前之卒是三者之弊
廟堂詎可不急為之變更耶此臣所謂恩威之不明
者亦必待得夫知兵之士而後明也
利害臣聞偽為袁氏之旗鼓故袁氏之軍以不容而

敢僞建尉遲之幟故尉遲之將以自泄而擒利害之
不秘兵家之大患也自今觀之向來歸正歸朝歸明
之別有三一曰因人鼓率二曰遠來慕義三曰軍前
殺降因人鼓率者隨衆歸正者也遠來慕義忠心歸
正者也所謂軍前殺降者口欲食我之肉身欲寢我
之皮勢力未加勉强從命有司一時總名曰歸正而
不知其此心所向未嘗一日不萌北歸之念今存於
行伍者有之擢爲將佐者有之除以麾節者有之然
則本兵之地胡爲而不原其歸正之初耶沿淮之兇
惡其別有四一曰跳河二曰兩來三曰興販禁物四
曰寇掠生事所謂跳河者間諜也所謂兩來者奸細

也所謂興販禁物者銅錢膠漆軍須也所謂冠掠生
事者謂黨夜搔擾外界偷盜牛馬財寶也以是四者
或妻奴於異境或婚婭於絕域或兄燕而弟秦或男
晉而女趙此心所向未嘗一日不作過淮之念令編
配諸州刺而為敢死者有之刺而為効用者有之竄
而歸山林者亦有之然則將帥之官胡為而不考(究)其
自來邇小將深入兵家所忌分兵遠擊兵家所戒古
人非不欲擣人之家基傾人之巢穴而免勞吾之大
兵之搏擊也江油之役雖艾之能猶幾於敗匈奴之
役彼陵誠勇健亦不免古人所以不敢以孤軍彈將
入於無援之地者深恐敵人或裹其粮或斷其尾則

吾軍之機密皆自泄於將士也傷中之士不遺於野逃潰之卒不近於賊古人非屑屑於細故譊譊於末節而失其大體也魏刖其足齊有良謀楚失其心漢得良將古人所以不容逃軍病卒留於賊人之地者深恐賊人巡邏而歸扶策而往則吾軍之機密皆自獻於敵國也將之所居固宜與士卒咫尺也古人必圍以重幕而顏色之不相覩嚴以閫閾而聲音之不相聞者懼其夜出別營以行閒諜之諜潛歸幕府以白請乞之事恐其事機之易泄而勿使知也將之所處自宜與士卒通情也而古人於日中之號一時一易夜中之號一更一換者懼其衆所共知則易以外

聞士所通曉則敗於難秘慮其事機之易泄而勿使久也彼有懼其遞角之泄漏也故立為名遞之法謂如以人皆畏炎熱詩二十字為號寫人字號者即知其為乞軍器寫皆字號者即知其為乞糧食主將中樞各收一本以為辨對而文牒之外全無明文及其所乞之事此名遞之法也彼有懼其往來文牒之易下也故立為數遞之法謂如以湖上新亭好詩二十字為號寫湖字號者即知其為乞軍器一百件之數寫上字號者即知其為乞糧食二百石之數主將中樞各收一本以為辨對而文牒之內全無一字及其所乞之數此數遞之法也彼有以色為遞者謂以五

色而辨其所申之意以藍青而書號者係乞何人係
在何軍以赤朱而書號者係乞何物係在何處彼有
以字代遞者甲乙丙丁之十干即以爲一二三四數
目之代用子丑寅卯之十二支即馬步（以遠近里數）
殿閨昇池江鄂駐劄之代呼有以物者謂傳一箭至
則添一百人傳一弓至則添一千人之類是也有以
衣遞者謂傳一衫至則一軍發傳一袴至則兩軍發
之類是也以至廬（水陸山濱）濠壽泗皆有別名左右前後皆有
異號遞法有二十二等遞文有二百二十字此遠營
別屯之所不可廢也然亦時一換易雖吾軍將佐亦
勿令通知斯為善耳桒何自田俊邁擒而虜人出我

兩淮之師多用吾軍之旗幟自異驕叛而虜人襲我
荆襄之師多知吾地之險易臣之私意莫若使吾教
兵之制反金鼓而為進退有以破賊人之所已知使
吾布陣之勢反曲直而為方圓而有以異賊人之所
已曉昔以此旗而招將帥今反以此旗而招士卒復
有以誤賊人之所已聞昔以此旗而招統制官今反
以此旗而招部隊將復有以誤賊人之所測識昔焉
江鄂之旗五色而紅脚今則易之以他色而復用青
黃白黑之脚昔焉池陽之刀斜頭而紅靶今則截之
以平頭而復用青黑花緑之靶建康之弓舊多黑面
今或易之以黃樺鎮江之箭舊多白翎今或換之以

班雖乃被擒將帥已知之事皆反其所行乃被擒將帥已聞之策皆反其所用彼果有意於歸賊耶則其所洩與吾今日所用迥然不同而賊人必惑其所授之非真果無能而陷賊耶則其所洩與吾今日所行了然相反而賊人必疑其所言之不實夫然後在彼乖其所之在我乘其所誤失一將而可以擒賊之百將士一人而可以擒敵之千万人矣此且所謂利害之不容者尤必待得夫知兵之士而後容也

財計且嘗聞善生財者不生財節其用則財乃生善致富者不致富去其弊則富自致自今觀之紹熙慶元之間　朝廷行下諸路賣田今雖住賣而州縣之

賣者如故官產所存已無餘蘊矣何舊賣之錢援舉
司未為理解而新賣之錢諸州縣又復隱匿耶乾道
淳熙之間　朝廷行下沿江諸路起理蘆場租錢今
雖住理而州縣之追者如故欠籍所存已無餘數矣
何積年已理之錢總領所不為令項申發而未理之
錢各州縣不為摘出別解耶江東西之淨課利錢每
貫收樁管錢四十文將向立樁之初本為解發京師
堆垛貫索之費而今之淨課利錢截支於諸州之大
軍矣此樁管一項之錢果何隸耶淮東西之大禮銀
絹錢每業錢一貫科敷二百文向起此銀絹錢之初
本為三歲一科以為藏事天地明堂之費今則無歲

不科而遂成常賦之定額矣此銀絹一項之錢果何屬耶州用三分軍資庫分隸之錢也今入公使庫而國用司之不問也罰直贖銅贓罰庫之錢也今入公使庫而國用司之不根也營田力田之租逃戶絕戶之課不入省司庫而入公使庫矣何國用司之不及也新建房廊之錢新填白地之錢不入省司庫而入公使庫矣何國用之不具也錢會中半祖宗之舊法也近日之支散軍兵收買軍須百官茶湯宗子孤遺公吏重祿月幇供給津發夫輻過軍驛券養老軍資添差歸正是十者之錢既全支於會券其贏餘之錢果何歸耶撙節浮蠹兵興之新制也近日之朝官白

直州郡餽送過官船脚時官月會親戚會餞權局虛幇監司助會交送合食公用銀器供使陳設是十者之錢旣比舊爲乞盛其妄費之錢果何出耶白地樓店之錢秋苗事例之錢夏稅額外水利之錢米麥變糴之錢印簿俵付之錢實封賣產之錢悞鈔突納之錢高價撓佃之錢回易官會之錢州郡根括而無餘矣果附於何曆邪抽分竹木之錢抽解磚瓦之錢寨兵虛劵之錢弓手虛傭之錢溢數免丁之錢賣帖住持之錢互爭沒官之錢犯事家業之錢召佃天野之錢江灘河步之錢州郡根括而無餘矣果解於何所耶比較務之要鬧柏戶城下務之要鬧地

分戶部贍軍庫之要鬧脚店總領所酒庫之要鬧樓館今盡歸於公使庫而監司之不舉覺耶城闉之真土橋道之樸債放生池之菱藕荷蓮新生洲之蘆荻魚蟹今盡歸於諸州之公使庫而御史臺之不檢按耶銅監鐵監之附鑄倍於疇昔之數何鼓鑄之額比舊為不增耶銀坑銅坑之烹煉過於祖宗之額何泉貨之息比舊為反欠耶且酒務之中打搦炭團之錢洗榨糟水之錢淘米泔漿之錢榨下渾頭之錢賣牌糟粕之錢篩擂糠碎之錢蕩缸餿猪之錢黄酒濁脚之錢以至酒匠量酒專知上牌之錢昔為官吏所有而今為州郡之額解矣又何以為酒課之不及常額

耶稅務之中官船梢搭之鈔牌筏附帶之錢塩船力
勝之鈔土商住稅之錢漏稅倍輸之鈔過舉賞罰之
錢官茶批發之錢乾務回稅之錢以至猪羊用印門鋪
發關之錢昔為官吏之所有而今為州郡之帑籍矣
又何以為稅課之不及常額耶州縣催科一項交易
未曾關割錢業俱追則兩家俱納此疊納之錢不入
於公家矣或年例幹佃代名輸解田主被追則無鈔
重納此透納之錢不入於公帑矣州縣受納正苗重
而義倉輕故民戶以正苗而為義倉則將重作輕官
司復使之再納則先納之輕者難以望官司之復還
也本色賤而折帛貴故民戶以本色而納折帛則將

責易賤官司復使之再輸則先納之賤者遂查官司
之白得也今諸州公使庫界轄盡占贍軍比較都務
之要鬧界轄悉令拍請酤賣猶可說也今乃侵占四
務界轄而盡立為乾息之額全奪諸務拍戶而盡起
為槽榨之店動置百十處所過若正庫恣意酤賣致
使鄰近帶平坊場并抵界省務盡被攙奪敗壞傳聞
公使庫之所入雖曰浩瀚而省務淨課利之虧欠多
矣有司胡為而不嚴禁其乾息槽榨使拍戶悉歸於
省務也今諸縣檢放旱潦田一萬畝則重疊寫為兩
本遂作二萬畝細算及有歸熟妄訴反正者皆不除
豁盡令其衮攤放數且一縣元苗計二萬石雖已申

州放一萬而民間合催上一萬石令保長帖内尚催一萬五千石若蓋五千石暗催之米俱係縣胥偷匿縣司復恐民户盡將偷匿暗催之米赴倉送納究過合催一萬之數則必致敗露遂先於上户并攬户名下預借苗錢入於縣胥就縣自印朱鈔則上司無考究之隙有司胡爲不嚴禁縣官預借折錢之弊使苗米盡納於州倉也　臣嘗見當塗有常平椿管米二千石别貯一廒緣其所積之米風飄雨洒皆已腐爛不堪食用時一换支却於新倉撥填以足其數委本州司理提督月添支二十千椿管至今已三十三年矣較其米價不及於三千緡而提督官之所請已八千

緡矣今所謂教倉之未猶能蠹食吾國家八千緡之
錢而況於官吏乎官吏乎臣又嘗見池陽有民兵甲
仗庫一所內有舊弊衣甲數百副皆破碎不全不堪
披用遇有春秋兩教自赴都統司關借堪好者以應
其點乃委本州押隊提督月添支十千有庫至今已
五十年矣計其器甲不及百千而提督官之所請已
六千緡矣今所謂數百件之弊器猶能蠹蝕吾
國家六千緡之錢而況於州縣之官吏乎其他如一
御書匣也而提督官月給五千者凡數十員額焉一
書籍庫也而提督官月支十千者凡五七員額焉一
場務以一官監而猶不能辦集也乃復添一督察添

一措置而争漁侵焉場務皆歸於三官之私而公家
罄矣況所謂稽察所謂措置者非監司之親舊即守
倅之姨表也是宜場務之虧欠也一酒務以一官監
而猶不能辦集也乃又添一提督添一監轄而争蠶
食焉酒務皆歸於三官之私而公家竭矣況所謂提
督所謂監轄者非朝士之閤區則當路之寵嬖也是
宜酒課之不敷也如巡檢寨額管一百人見止有三
十人而州郡皆見破一百人之糧券彼七十人之糧
券歸何所也如縣尉司弓級額管八十名見止有四
十人而州縣見破八十名之傭直彼四十名之傭直
歸何地也如錢監之鑄本或減半或盡罷矣其請券

尚如故也如作院之作兵或減數或住作矣其請俸尚未除也逃閣之苗逃閣之稅天下州縣皆申逃而倚閣也然足徧天下而未聞有無人耕種之田目徧天下而未見有無人拘占之屋宅今州縣之所謂逃閣皆召佃收租入於縣帑復妄申為逃絕而偷閣官賦也國家胡為不委巡尉官勒本縣常平案吏人下鄉標簽出無人耕布之地方為蠲除而即令召佃則逃閣一項之賦不得以肆欺矣折納苗錢折納稅錢天下縣邑皆正苗正稅解足而後始令民戶折納錢會也今正苗未足而本縣先折收見錢正稅未足而本縣先折收官會皆縣邑懸額少納多致赴州倉州

場突納過數而致被覺察故就縣叩數而折錢也
國家胡不衆行禁戢而使應干苗税官物盡令諸州
置受納而無使縣官干預則折苗折税二項之錢不
得以偷匿矣令諸州多收斛面於交量之官覆量出
剩而勒攬戶之買乾鈔者未戢也令諸州妄裝稱鐔
而為供給折色之酒堆積寄賣而抑娼家店戶之邀
買者未戢也　朝士生辰獻壽之錢時新土物之錢
侵蠹於公帑者月發而如舊也猶可諉也虛作支單
出官庫而入私庫者千萬也諸州交送折酒之錢交
送節儀之錢易入於宅庫者日發而如舊也猶可諉
也偽作回劄出公庫而入宅庫者千萬也茶鹽客欠

催理寄庫客死不還今何入也官吏犯事閤罰請俸任滿不還今何歸也為今之計若莫將諸監司諸州軍之公使錢庫改為　國用錢庫應干科名盡隸受納專差錢糧官一員獨主其事使一州之官錢不出此一庫之收支州令長貳路令漕臣專一稽察其本州應合支破之錢並令於國用庫內支破具申尚書省以憑考驗庶使天下之錢自　國用之外無餘錢州郡輙敢自置專掐私收分文即坐入己追褫勒停之法如此則帑藏不得以自私而是錢所積非君則民而　國用充矣莫若將諸路摠所轉運安撫都統州軍之激賞贍軍公使酒庫權改為　國用酒

庫應干酒錢盡隸一所受納亦係錢粮官專主其事州令長貳路令漕臣稽考其州郡應合干支之酒並令於　國用酒庫內支破具數申尚書省照對庶使天下之酒自　國用之外無餘酒州郡轍敢造賣涓滴即坐入己追褫勒停之法如此則槽櫃不得以自私而是酒之利非民則　國而　國用足矣印給簿曆省差專擯使催科之官不得預於受納點賣之官不得預於糴買錢庫不得令寄收酒庫不得令寄造庶使主是財者知其不出於己而不敢以私予偉是財者知其不專於彼而不敢以覬坐在彼者仍不沮其所當支在我者復不被其所私隱也他日混一之

後　國用充則復還其爲監司州郡之舊則猶可以
爲重外之本此財計之大畧也
馬政　臣聞立法之不詳則弊生於用法之人守法之
不嚴則詐起於玩法之吏自今觀之國外之馬買於
西夏　國中之馬買於中蜀西夏之馬爲地極遠故
置監於宕昌以便於市易置使於興元以便於巡察
中蜀之馬爲地極廣故責馬政於文龍黎雅諸州而
專於收買置馬使於隴蜀都會而專於糾舉然自宕
昌而至興元其道絕險驛凡二十有四本監例將所
買之馬差軍級夫役押送興元務馬交納直候馬步
三司差官前來取押方與納發自文黎而至成都其

路尤為險惡驛亦二十餘所諸州例將所買之馬各
差軍將押送戍都馬務交納直候江上五軍差
官前來取押方與給發立法之初蓋以為三司取押
之卒自武林而至興元五軍取押之卒自京口而至
戍都奔走半載往返萬里不欲其又令其深入鹽道
也夫豈知押馬之夫役有曰馬肥則吾無預於轉官
馬死則吾不該於定罪故變草料之費而為賭博之
具易綱驛之券而為酒炙之資或求簡帖而濡沫於
縣邑之公吏或買物貨而鬻賣於遠道之鎮市其為
所押之馬則遇夜不槽遇晡不粟遇山成牧遇澗成
飲驛之為里雖曰三十而在道數日未見驛亭驛之

為數雖曰二十而在道逾月未至馬務追至交熙之
際已成羸瘠給發之際半致倒斃皆未至興元成都
兩務之先已有以飢渴之也
國家以宕昌一監為今之上駟特令馬步三司官兵
只就興元承押而免其遠至宕昌以文黎諸州之馬
為今之中駟特令江上諸軍官兵只就成都承押而
免其遠入諸監不知所承之人未見優恤而所承之
馬已不勝其蠹害矣候其歸軍無損綱官則以一資
為賞綱兵則以三十千為率然則胡為不使三司之
官兵直至宕昌自取五軍之官兵直至文黎諸州自
取官則優以兩資卒則優以倍賞而使各盡其心於

蒭秣之際也夫關外諸番及階成和鳳四州招接之馬番馬也然諸番之所喜者在茶榷而不在銀帛今有司乃謂茶之為貨難以般運於監道之遠反易之以銀帛之輕賫馬故不足以中諸番之所喜而未盡得失諸番之騏驥也況乎保減尅而不得其全價揀看退換而尚費於多資又得以拒絕之也何朝廷不嚴其制禁也文龍黎雅諸州之馬蜀駟也然諸州之所欲者在銀帛而不在茶榷今有司乃謂銀帛之為物易以般運於中蜀之地反易之以茶榷焉故又不足以中諸州之所欲而未盡得失諸州之駿駟也況十分之一而公吏侵除十分之五而會劵折

閲又得以減削之也何　朝廷不嚴其約束也押馬之官在路倒死自用已財買以填数雖不及官馬之少壮寸尺猶可諉也今諸軍將帥子弟取押歸軍遇有欠折有礙推賞則擇係官入隊毛色之相同者即與牽補何　朝廷之未禁戢耶謂易馬之貨為無弊耶則銀有美惡茶有新陳而尚得以邀阻乎販馬之商旅也謂揀馬之官為無弊耶則平齒一錐可以成區曰淡毛一染可以成騅馬而尚得以欺罔乎本監之長貳也謂恃其有統領官以排發耶則一目之真不足以敵十目之僞而招誘議價之人猶得以詐欺之也謂恃其有通判以主掌耶則朱墨之士不足以

驍驪黃牝牡之底蘊而等量驗齒之吏猶得以指摘之也發馬之處好惡相間而欲其無偏好偏惡之患也　今日發馬之地驍駿如龍者皆揀給於閣區之膏粱枯瘦如豺者盡發於啼號之將士何　朝廷之不計也發馬之序前後相挨而欲其無攙先亂後之患也　今日發馬之日貧者乞食於道路而歲月稽留富者行托於苞苴而隨至隨發何　朝廷之不慮也一日一綱此久例也今胡為而有一日兩綱者耶一官一綱此定制也今胡為而有一官兩綱者耶私買補綱之弊毛色雖同欠及分寸尚可計今以羊易牛而受納之司受其情囑不與點對何欺罔之甚耶

私馬換綱之弊毛色雖同止惟老病尚可討也今以黄為赤而受納之司懼其形勢不與揀退何玩侮之甚耶有以無顧藉之隊部将取押沿路收買皮毛近似者故令倒死取剥其皮以為具文之照驗而不知官綱非常之馬已為其所鬻賣矣交納之司亦合認其毛色之同異而詳究之欤胡為不法以流配賞以千索而使百姓牙儈之售賣者與之同罪也有以不堪用之私鬻而換易者養以别槽多芻之料追其膘壯乃積以為　聖節生辰之獻而不知入隊帶甲之馬已為其所暗代矣計議都幹機宜之官亦合躰問其此等之弊而料察之欤胡為不究其實俾用示懲

戒而使副官屬幕之知情者與之同坐也且公吏違法受贓皆枉法也何都大司不用此法耶馬步三司每綱支縻費銀一百二十兩付之取押之官以為使用習以成例是以三司之取押官或有侵用而不及其數則遲以歲月而不與給發此非枉法之尤者耶諸路監司公吏皆重祿也何都大司公吏而不係重祿耶江上諸軍每綱支縻費銀八十兩付之取押之官以為計會久而成規其間或被諸軍取押之官匿而不發則盡給羸病而不到地頭此非重祿受財耶舊馬新交而已沒之火印不驗也甲取乙賞而未追之驛券不問也三城九河橋梁之倒斃三十有五墮

溪而漂溺者不之數也雞鳴馬嘶道路之峻極者二十有八墜崖而虀粉者不之計也馬在路病患又例不許留滯庶得隨綱醫治不知尩羸枯瘦掾穿索縛跬步千里則一分之病遂變而為百分之病也何有司之不措置也馬所到驛分舊制止破一日草料庶得不致住滯不知夏秋之間斷橋阻水動留旬日則一日之飽果足以充九日之餒也何有司之不商確也取買之弊有司未之盡牧養之弊有司未之闡鎮寧廣源之馬買之於橫山者有司未知其利害武安撫水之馬誘之於邕管者有司未知其曲折房陵郢京之馬草不給蒭茭而給以木葉何以飽綱羸又搭

之腹三建九江之馬料不給稻粱而折以錢會徒以
資綱兵傳爽之戲為令之計莫若革去舊弊立為定
法先令都大司多方措置應辦茶銀錢帛充積諸監
或名件催理未辦合令權撥別項樁積應副支遣收
買其所在馬監與屬盡差經任選人其買馬之數歲
增十綱則與當舉主兩員增二十綱當舉主四員增
三十綱與改合入官則與屬知所激勸矣其所在馬
監差遣盡差小使臣其買馬之數亦令歲增十綱與
轉一官增二十綱與轉兩官增三十綱與轉三官則
使臣知所激勸矣州縣之長貳以買馬之增減為黜
陟諸監之官吏視買馬之增減為賞罰專令臺省歲

終比較民有自用己財收買全綱以獻予官者白身與補大使㠯將帥守貳自備己帑收買全綱以獻予朝者亦如優異之恩勸誘豪户獻綱首亦議優賞諸監茶銀不敷者重置典與憲則馬政何患其不舉也此馬政之大略也夫兵者心也戰者氣也心之不充則臨敵而無定見氣之不足則遇敵而有畏心前日胥浦橋壯觀亭之戰皆諸將之無定見也故與賊衆相望則疑其有一百萬二百萬吁彼賊而果如是之多也一馬十芻則二百萬之馬二千萬芻矣果山積於何所也一人斗粟則二百萬之卒四十萬斛矣果廩運於何地也一馬行地一丈而總幾地里也一人占

屋半履而揔屋幾營也當時諸將不知兵家自有成法未見賊兵塵埃遠起乃棄甲曳兵而走彼非甘為誤國之人也其心之不充而無定見以主之耳兵家之法三軍可奪心果如是歟前日花靨鎮安豐軍之戰皆諸將之有畏心也故未與賊衆相對則曰寡不敵衆弱不敵強吁彼賊而果如是之衆且強也疊弩為寨可以絕賊騎之往來而彼之衆不足恃矣掘池為營可以阻賊兵之衝突而彼之強不足逞矣堅壁不戰吾有以避其鋒而又自挫矣絕粮不通吾有以斷其後而終自斃矣當時諸將不知兵家自有成法未見賊兵旗幟遠出乃奔潰四走彼非願受天失律

之誅也其氣之不足而畏心主之耳兵家之法氣實則鬬果如是歟夫一戰而勝猶不能收拾其殘潰之卒脫其不勝則家基之器甲褁囊出戰之器甲褁囊皆為賊人所有矣何敢望於再舍也一戰而利猶不能安於息肩之所脫其不利則分留之弓箭鎗弩入隊之弓箭鎗弩皆為賊人所有矣何敢望於復戰也一敗之氣三月不甦一敗之缺十勝莫補是豈可以輕舉耶是豈可以妄動耶此曹而果知兵耶則淮北之塵埃虛耶實耶馬之塵耶步之塵耶此曳柴而揚者耶此順風而掃者耶七色之塵埃誰能辨之耶此曹而果知兵耶則賊營之煙霧虛耶實耶炊煙耶火

煙耶聚朽木腐草而生者耶焚倉廩府庫而起者耶
此高而走者耶此低而平者耶十種之煙霧誰能曉
之耶十七等之間諜誰能遣之耶十二色之採探誰
能分之耶精銳之兵疲於轉戰新招之卒昧於教閱
均力之法何諸將之未諭於潁河之敗不戰而却峽
石之敗未戰而潰暗伏之法何諸將之未學於破虜
之捷方奏未幾犯淮之寇已不可遏非知兵之士未
用於　陛下耶鄧城之兵入於廣右清溪之張適於
京西非知兵之士未歸於　陛下耶五福君基間入
江南青門直使皆入鄭衛非太乙壬遁之術未獻於
陛下耶褒河鄧城不知唐鄧之姓名磨盤羊寨不知

海泗之虛實非石六缺張二之徒未投於
陛下耶㠯岳貫本開德世祿五符伏自丱角至今日
誦兵家之書日習兵家之事日求兵家秘妙之術日
訪兵家先達子孫名將後嗣家傳世襲之論凡事之
有繫於兵者無不徧考地之有關於兵者無不徧歷
器用服食行陣衣甲之制有資於兵者無不旁搜遠
採以盡其底蘊山林遺逸英雄豪傑之士有精於兵
者無不端拜師承以益其寡陋以故一步一趾皆有
定制一分一毫皆有成法耳聞目見者非衆所共讀
之文口授心傳者非人所同得之學衛公武侯不傳
之妙㠯得其真韓信曹公不著之書㠯得其秘不遇

見知未甘弃逐於是易眞實之兵為章句之士變汗
血之心為選舉之學　慶元己未應補　膠庠僥倖
前列　嘉泰辛酉應舉　冑監濫厠多士式叅戎告
凡七八年若公若私凡五十戰校定一成艱苦萬狀
乃以上書乞罷兵事觸怒權勢致被誣擬妄乱數奏
重蒙　聖慈將卩免真決送建寧府編管掎欤休哉
楚項之將殲故韓信不死於滕公之手李唐之將興
故李靖不死於馬邑之難天將使我　國家恢拓海
宇混一區夏故英雄豪傑之士幾死而不死無生而
復生也伏自丙寅之春被
旨入建首尾三載前後五敉撥之三尺合效有餘而

知遇不逢寇讎相值嘗據池州中軍統制孟思齊申
請臣爲副貳矣未幾而思齊有殞星之變江淮宣撫
使吳玠辟還臣於幕府矣未幾而玠有易機之命三
年之間雖自揆廢材不復覦用於世然臣下不忍辜
平日抱負之斈上不忍負十年　教養之恩待
罪以來無所用心日著兵家利害以備
採擇不惟篇帙頗多亦恐傳寫聞泄姑標十策上干
聖聽伏望　睿慈降付三省執政侍從臺諫考覽如
臣言不倿乞送樞省偏牒諸路將帥參酌行用干冒
天威罪當万死不備臣岳百拜
翠微先生北征録卷之一

翠微先生北征録卷之二

治安藥石

國學發解進士華　岳　進

臣

岳聞兵法起於黃帝風后元女授受於鬼谷子黃石公少室山人而富國強兵之事尤詳於陰符一經故將忌三世出於道書至於縱橫闢闔亦莫不本於其說夫黃老氏好生也兵武何祖焉蓋兵本於不殺武在於止戈司馬法論殺人所以安人以戰所以止戰是宜道家者流更相授受無靳也恭惟

皇帝陛下視民如傷偃兵不用

即位以來百執順度安強之效超邁前古粵自妥臣

擅朝專務結托將不知兵兵不知戰開釁三邊流毒
四海雖公道開明元惡翦除而軍國之事尚廣
聖慮以愚欲望　陛下詳黃老氏好生惡殺之意
明司馬法安人止戰之方兵不得輕舉謀不得妄發
追夫人材既出機會可投則越王夫焦之舉光武昆
陽之事有不足為而前日之敗乃他日大功業之所
由成就也以岳郊野散材本非書生承平日久莫究
所長例游場屋濫叨教養偶自開禧乙丑上書言韓
托胄興兵誤　國致被誣撫妄亂敷奏編置建安迨
至三載雖君門万里而畎畝不忘之念日切于懷特
罪以来無所用心謹摭當世利害編次成集以備

所用心謹摭當世利害編次成集以備
採擇其有機密幽深不敢聞泄者姑俟他日今所既著軍
國之大計一邊防之要務三破敵之長技一將帥之小數
八器用之小節十有三採探之法五戒飭將帥之道
四守邊待敵之策二足兵優民之策四總四十有一篇
分四卷名曰治安藥石即所謂治安不可無兵猶膏
粱不可無藥石之義也伏望
聖慈特賜
睿旨批降付三省樞密院執政臺諫侍從考覽如
臣言不謬乞劄付諸道將帥參酌行用不特使棄逐
之軀得著涓埃上報

君父十年豢養之恩亦使山林江湖英雄豪傑之
士知所風曉引領望出上副
任使干冒
天威罪當萬死嘉定元年　月　日
國學發解進士臣華岳謹序

翠微先生北征錄卷之二

翠微先生北征録卷之三

軍國大計

和議

臣聞夷狄之為中國患其来久矣蠻夷猾夏見於書玁狁匪茹見於詩鬼方見於易赤狄白狄山戎陸渾維戎戎蠻子見於春秋自後世觀之四夷不庭征之可也考之當時舞干之化薄伐之舉三年之克五利之議未嘗逞威兵革以從事於殺戮而古人於此方且反躬自咎謙恭退抑聽其自附而信其自去何耶蓋聖賢論中興之本不先於外攘而先於内修政事夫子論遠人不服則修文德以来之而兵武之事絶口不及如其論至夷狄乃喻以虎狼之暴抗以戈戟則必致於傷人蜂蠆之螫

未傷筋骨決意於一歐者必被其蠆伯業之盛二百
四十二年之中莫晉若也晉之為晉宜若曲盡夫制外
之術矣而魏絳之荅晉侯願以和戎狄為中國之福未
嘗舉征討之事嚴尤劉貺論周漢之得策它不暇恤獨
以兵連禍結為戒其間惟善於交通者皆躡等而取之
此不特後世之君臣其說尓也昔者大王居豳狄人侵
之事之以皮幣犬馬珠玉俱不得免而後知狄人之所
欲者吾土地也當是之時從之者如歸市似可以決去
就矣大王乃謂君子不以其所以養人者害人始甘心
於岐山之易故仁人之稱見於當時培埴之意有及於
八百年垂世之遠君子不以大王之避狄為畏怯不武

而取其能屈已愛民以為周家立國之本越王句踐困
辱於會稽之棲卧薪嘗膽十有八年未嘗汲汲於兵以
求快意迨夫黃池之會有釁可乘於是一舉而取吳毋
寧而亡之君子不以其屈意於先者為可恥而嘉其成
功於憔悴無聊之後者為善處敵漢高帝誅秦蹙項力
非不足也而匈奴之事力主和親以為五世之利文帝海
内富庶兵非不強也而遣使外夷結轍於道一於和議是
主至武帝不從韓安國之說窮兵黷武海内虛耗後世至
與秦皇同日而非詆之非治外太嚴它日反所以自斃哉
馬燧之為將識智矣而其論息師之便則以盟戎百年無
虜患為利陸贄之論諫後世未易擬議也而其論夷狄

一節亦謂和戎雖非善經亦時事有不得已不若姑令
和親噫尺蠖之屈將以求伸鷙鳥之擊早飛斂翼凡
天下之物惟其有所抑也而後有所逞也古有常言縉紳
之儒則守和親介胄之士則言征伐此固各主一見以為去
就之計實人情之通患也　今日之事中外之臣初皆以
為進取矣自郭倪不得達泗李汝翼田俊邁郭倬不得符
離李爽不得二蔡皇甫斌不得唐鄧而後進取之說始不
入於　廟堂大臣之耳次皆以為退守矣自魏友諒不守神
馬坡陳孝慶不守南巢林管不守濠沙郭僎不守胥浦
橋夏興祖商榮不守喻口淮口而退守之說始不愜於
廟堂大臣之心至進戰退守之策兩皆不得而

廟堂一意於和議也中外之士咸曰
祖宗之大仇未報中原之塊土未復胡運已衰虜勢尤
弱與其供輸幣帛以益其糧饋孰若誓死以力爭與
其俛首聽命以受其困辱孰若効死於一戰殊不知驅
吾之赤子以就鋒鏑與夫通金帛以息民者其失為孰
耗天下之財餽以資遺黎塗炭之苦其与夫卑辭下禮暫
屈一時之重以免天下元元之愁嘆者其得為孰多此和
議之講實　今日之先務也今之切議者不過曰罷招軍之
令則挫天下豪傑之心結宣招之局則失天下將帥之望
殊不知將不去邊兵不徹備外雖佳招而內反有以全吾
軍息肩弛擔之心豪傑之心實未嘗挫急於自固緩於

求勝外雖羅髙而内則反有以全吾軍養銳待敵之策
將帥之望矣未甞失和議何損於豪傑將帥耶又不過
曰昔柳渾謂夷狄人面獸心易以兵制難以信結後果
有變韋倫言吐蕃狼子野心難事信約宜謹邊備後果
為所誤殊不知匈奴之叛在於漢人恃和無備之時吐
蕃之渝盟在於唐人恃和罷兵之日備之既去則變之
所必生兵之既罷則誤之所必至和奚罪耶又不過曰
靖康之變始於二三大臣專主和議而不任兵革以故
屢遣無厭百求皆副至於窮極而北狩之禍終於不免
殊不知　靖康之變事出權臣國無良將忠義之氣不
伸守禦之備不設兵則恐其傷於和而不敢言謀則紐

其主於和而不敢發　京師之兵有名而無實勤
王之兵久發而不至此其為禍和異罪耶臣嘗徧觀古
今中國之所以待夷狄者矣兵爭之失在於士大夫逞
忿恃兵而諱言和議和議之失在於士大夫懲已往之
敗而恥言用兵故征伐者不至於困弊之極則不復言
和議和議者不至於罷兵撤備為敵所誤則不復言征
伐二者胥失也人皆知唐突厥寇太原且遣使和親帝
問計德彝曰彼有輕中國之心謂我不能戰若乘其急
擊之勢必勝勝而後和威德兩全矣昧者於此遂以為
德彝之論先戰後和足以使終帝之世無突厥患
今日之未勝而和非威德之不相濟歟臣竊以為不然

考帝之於突厥小大之戰不過數萬唐據堂堂中國之全勢突厥雖曰盛強不過數萬之中一偏虜耳德彝之論所謂以大制小而　今日之事所謂以小制大者也威德兩全之策例施於今豈不反速夫敗亡之禍耶今中外之臣草茅之士徒知痛二陵不反之冤洗　三朝未雪之耻見幣帛之輸莫不含攅忍忿思與之不共戴天見詞命之遣莫不泣血銘心思與之不並生於斯世此三尺童子之所通知而愚夫愚婦之所共曉者也吁邊民失其故業内地苦於征繇版曹内虛總司外耗將帥無謀士卒悖命軍儲無蓄國用不充當是之時利於兵爭耶抑利於和議耶夫萬

金之囊窮慱於終夜之力所存無幾取其未盡之資卷
而懷之以俟夫它日再与周旋於勝負未分之地猶愈
於索手於一決奕黑白於一抨之交智者知其未必勝
寧負已輸之名而掩其終不可救之迹猶為存躰
今日之勢大耻之未雪未足以為　國家之重輕再戰
而不利三戰而不捷則天下乘其弊而起在
國家何以為自存之策　故陵之未反塊土之未復未足
以係　今日之安危生靈之塗炭將士之死傷邊民之饑
莩父兄死於疆埸復驅其子弟於敗衄之埸安危之機實
在此一決耳古人非不知子女之不可遺玉帛之不可遺
土地之不可割也湯事葛文王事昆夷君子以為仁大王

事獯鬻勾踐事吳君子以為智然則　今日之和非真
怯也全吾仁以待它日可乘之機耳非真畏也養吾
智以俟異時可投之隙耳今行人屢遣詞說屢通幣
帛之好已成諭成之使已至可謂　國家之大福生靈
之大幸矣臣愚猶慮虜庭或有邀求而
廟堂大臣不俞其請虜使或肆傲慢而
廟堂大臣不加之禮使前日屈尊忍辱之舉敗於九仞
一簣之微師徒無備邊野不寧其利害尤甚於兵爭之
日豈不大有可畏歟望
聖慈上躰三代之君所以待蠻狄之心下効漢唐之君所以
事蠻狄之意忍一時之辱圖萬世之利毋惑於草茅書

生之談毋動揺於武夫將士之論期与斯民同歸於安靖
和平之域以壽吾　國家千万斯年之脉實天下幸甚
雖然和議之獻已詳於前矣臣嘗聞之和未成而張兵
則必有以啓敵人之疑心和已成而廢兵則它日之禍蓋
有甚於未和之先者故越人卧薪嘗膽之辛抑渾後變
之論韋倫後誤之策德彝之計　靖康之鑒如前所
論未易枚舉儻果以為和可恃而廢兵則將見奮臂一
呼帶甲百萬招徠一揮下城數十堂堂之中國為無人
之境矣豈不畏哉豈不畏哉故臣專以戰守之策著于
後篇願　陛下毋以為書生之常談而忽之此臣所謂
今日之大計

翠微先生北征録卷之三

翠微先生北征錄卷之四

邊防要務

山水寨

山寨器具

聚輪　透筒　銃儲　曲架　引車

遠汲　走水　種水　合槽　埋水

糧船　斜車　浮木　溜腳　方耒

圓耒　火砲　灰砲　土炮　土貟

石彈　踏腳城　輪箭車　壺搗　頂板

颺妻　土乳頭　綿幕　鱉腳木　撲燈蛾

螳螂拒馬　蜻蜓車　掛車　油幕　布遮箭

綿簾　已上三十六件係山寨器具

水寨器具

伏牛　暗楗　撞竿　斜椿　錘錐
浮鉤　綿穰　稻稈　乱線　籐蔓
沙針　雞距　㶿木　礙父　闌河
截汊　拒板　拒車　網索　衝天木
自鑿　釘底　聚鉤　籛錐　金網筌
雙頭筌　八角茴香　水毛蝟　水蒺藜　神鑿
鬼鑽　游絲鉤　獨面嗒棒　鬼連環　四索香車
豁水　拍水　撞筏　火牌

已上三十九件係水寨器具

臣聞天下之形勢成於人力之所能及者必敗於人力之所不及池之可鑿城之可築器用之可製作橋道之可修設皆人力也今日以人力而成它日人力之所不及則終亦敗　孰若形勢之便出於自然險要之利不由乎人力之巧天造地設自不容以小智私意所可得而增損者山寨水寨是也橫澗有山可屯萬人孔福失之而濠梁以隔馬鞍有山可置百家時俊守之南巢以安此山寨之已驗也謂南之地四圍皆水亮軍駐其中仲達不敢涉水以戰濡須之地兩旁皆水權築柵其間曹公不能破此水寨之驗也自今觀之淮水以南二十餘郡州之有

城自山陽合肥浮光濠梁歷陽黄崗維揚儀真德安郢川數州各係近年以來節次脩築稍成次第它如龍舒濡須盱眙安豐諸郡雖有城壁之名而基址卑陋磚石摧倒有不若豪民之墻壁縣之有天長六合南巢應城數縣各係渡江之後漸次增廣稍成規模其它如舒城霍丘六安廬江京山孝感淮陰寶應諸縣雖有縣官治事之所而所謂城壁者間斷有無不足以隔大警平時無高深之備每有緩急村落之民奔入鎮市則鎮市愈至於傷殘鎮市之民輻湊城邑則城邑愈至於蹂踐反無山寨水寨以為近便安葺之

計則沿邊之民焉往而不轉徙哉承平以來淮漢
州軍凡二十有二主客戶凡一千四百餘萬以二十
二郡之廣以一千四百萬戶口之衆而州之有城者
不過六七縣之有城者不過八九縱使亟或接踵
所置幾何況於封域之相遠道路之不通有非倉
卒所能造其郛郭之間哉臣嘗於張士元諳淮
南熊飛帥淮東之日集諸子深長之議論萃天
下慷慨之人物丘陸險易污池深淺罔不備歷罔
不周知凡山之高險不容登陟上有平坡可以屯
結者必因山為壘扼絕路徑增築墻堞使近山之
民般運粮食携挈老幼蓋造廬舍斷截枹株

萬一賊入險隘刼我山寨上寨而攻則矢石不到而人力徒勞越寨而過則腹心有憂而或慮掩襲東自山陽東鄉寶積高寨山城文賢橫澗夾山塗山施黃野父毛工胡鼻蓮花西自骨勒鐵腳遼峯浮渡柳子蘇九娘三灣龍辰覓木掛車楓原西安諸山之上釜嶺峭拔上平下險山勢高聳可以為寨者凡九十有四而內有無水之寨六各可屯萬人而又撰為守山之具凡三十有六賊人之士卒既有所不可登賊人之矢石且有所不可及內則團結鄉兵而濟以木石外則策應大軍而阨其隘阻賊兵雖強安能涗我山寨之險耶凡水勢

環遶不通往來中有洲渚可以居止者必因水為營櫃築汫石扼絶舟楫使近水之民闔牧牛馬充積褁糧明造牌筏暗設籤刺萬一賊入湫濼攻我水寨則家基之利可慕而不可圖犄角之勢可望而不可近水環四圍非子產之乘輿可濟天限一方非曹公之艨艟可渡東自謝楊老鸛范光艾陵溫陵三港淩亭西自滋泥蚌湖團峯馬腸九曲濡須南巢白湖花山尾陽石塘張湖破崗諸湖之中水勢回環可以為寨者凡四十有九而內有夏秋泛漲之寨十有一各可屯數萬人而又撰為守水之具通三十有九賊人之舟楫既不可入賊人之步

騎且不可到內則沿淮水軍萬弩手分畫守把外則忠義軍民兵分地團結賊兵雖強安能浼我水寨之險耶　國家自興兵以來惟知恢復中原而淮南之地恬不介意惟知襲取商虢而荊襄之地邈不加察以故符離之師未入而賊兵已入於山陽陳蔡之師方舉而賊兵已入於安復故前輩謂善守者敵不知其所攻能攻者在於善守靖康紹興之間淮漢不守山水兩寨千里之民輻湊渡江內則阻於關隘之不得通外則絕於津渡之不可過白沙北峽死者山積楊林瓜州江水為之不流遺棄之糧食皆賊人漕運縱放之畜牧皆

賊人之鱠炙此其古業之不振蓋根於淮漢之不守而淮漢之不守實自夫山寨水寨之不保也惟能行下淮漢諸司勸率土豪形勢修築山水兩寨每一寨置寨官一員令借補官資以為之主宰每十寨置寨將一員令吏部注闕以為之統率民有自備錢糧修築一寨者官為推恩民有糾率衆財自創一寨者官為推賞如此則於官無費於民有備而守邊之政舉矣此臣所謂山水寨

屯要

臣聞屯守之地當其衝要則一人之力可以敵萬夫非其衝要則萬夫之勇不足以敵一人故秦人守要

害之地而併吞六國司馬仲達據四達之衝而吳
蜀不敢爭齊人之守海鄭人之守成虎牢孔
明之屯渭南孫權之塢濡須皆是道也然一國有
一國之衝要天下有天下之衝要不知重守其所謂
要害之衝而一切泛然於賊人不由之道則兵旅日
增費用日廣吾見其勞師匱財於非所用力之地
彼聞之可乘隙之可伺固亦自若而堂堂之中國將
為無人之境矣今日之形勢閩蜀之外莫淮漢急
也故淮東之地屯儀真維揚以當漣泗海亳之衝
屯合肥南巢以當渦濠汝潁之衝漢中之地屯黃
崗漢陽以斷安復之衝屯襄陽樊城以斷唐鄧之

衝此其選擇形勢精擇利便固無可議然地之相
去千有餘里其間小徑間道姑置不論通都大驛平
原曠野類皆屯戍遺關臣竊憂之來淮而言自柘皋
南巢草鞋嶺野父山廬江至尾閭河固足以入江自
安豐桃城金牛航步沙湖版橋羅場鎮至盤小寨
亦足以入江矣然箕陂巢口之水峻如瀉油鐵肺柄
梅之山峭如立壁敵雖雲蒸霧集倍道而至中間險
阻崎嶇林木茅叢未足深畏至若自濠梁升高山
麗山大青山韭山定遠黃蓮皇甫山梁縣望墓根山
宣宗而至項亭則東西數舍南北一望高則平岡小坡不
過尋丈卑則淺溝狹澗不過數步既無關隘可以遏

其鋒復無屯戍可以絕其後賊若徑從此徑突入和州
屯兵楊林梁山白山等處控扼大江東淺柵江裕溪以
造舟楫北淺東關肥水以通漕運借曰未能涉我風濤
之險所謂　國家湖南江西歲計米麥之運不敢東
下則版曹告匱而骨髓先枯浙西淮東按月茶鹽榷
貨之商不敢西上則諸路總司無措而肝腦先潰此濠
梁歷陽之虛實江淮之勝負係焉可不重兵以守之
郢取漢而言自長樂平林新店陽城石井河步石河
而入安河固是以入漢自桐柏花庄馬崗補口勸羊湖
營河而入隨河亦是以入漢矣然應山大靖尚有鄉兵
團結土门九里尚有舊關故壘寇雖越險而來亦不足

畏至若自唐州湖陽分界山至棗陽自車橋湯川至郢州自胡窟走馬崗道人林上石至隨州則北自唐鄧南至漢水無林可依無澗可阻雖有袞河守把之卒而地無關隘不足以阨其衝雖有華陽棗林義勇之兵而勢非險阻不足以抗其鋭賊若徑從此徑突入漢右復取樊城柳林山谷石堰長蘭白木等處直渡漢水北據荊門虎牙班竹馬梁諸關以為自固之策南擾江陵建陽潛江以為屯守之計置襄陽於不攻前襲荊南則襄陽已在其圏圍之中棄光化於不爭而遠憑巫峽則光化已居其囊括之内借曰未能舳艫千里以争我東下之勢所謂三巴之險已塞而吳

蜀有離析之憂荆襄之區不全而江淮無椅角之勢此隨州棗陽之區實荆襄之得失係焉是豈可以不問耶近日諸將惟知以重兵固守渦口南渠而襄梁定遠反視為閑慢之地故賊兵大入於環滁歷陽之郊惟知以重兵固守神馬坡樊城而車橋胡窟上石反視為不急之所故賊兵大入於安復郢隨之境此其衝要自今宜令行下淮漢帥臣搜訪前件險隘分兵固守差官節制明立斥堠近置策應吾軍進取則留此以為勁捷之道而取其有先人之便賊軍入寇則設此以為掩襲之所而遏其有闚我之謀則三邊之形勢可全而淮漢之津可無滲洩

之憂矣是謂屯要

捷徑

臣聞江湖形勢之論有二曰通衢曰捷徑兩軍之所共知者謂之通衢吾軍之所自知者謂之捷徑則人所不測而不及關防古人所謂以迂爲直以患爲利以逸待勞以飽待飢兵家所謂後人發先人至由不虞之道攻其所不戒也是故兩軍相對兩陣相形知通衢而不知捷徑則在我之勢十得二三知通衢而能備捷徑則在我之勢十得七八故捷徑之利得之則我常得以襲人失之則人常得以襲我以吾之二三應彼之七八計算之間得失已分善用兵者較計算之短長思過半

矣若夫堂堂之陣整整之旗鬬死生於平野大坂勝負未分之場孰若潛驅密伺以制人於不戰之地哉吳元濟知有長坂義武而不知有張柴垂瓠卒成李愬之績劉禪知有祈山武功而不知陰平江油卒成鄧艾之績丹陽之賊惟知有三湖巨浸之險而不知霍山小道卒成楊素之績然觀愬之歷險斷橋艾之鑿山通道素之緣崖直進非平居閑暇之時為它日御尊之資太平無事之日得之於樵蘇小子之末脫有緩急安能出人之不意乘人之不及哉

今日荊淮之地沿邊州縣固已分屯大軍守把要害至若淮西舒蘄黃安六萬山之間京西荊門

南漳穀城光化一水之津小道峽徑可行掩襲之
所不一而足前後帥臣邊將措置邊防守把津要
各以已見申聞樞省敷奏
朝廷者不知其幾率未聞有能條具其一二者是
皆非鄉導之官所得而周知搜訪之使所得而涉
歷邊探之將佐既昧於討論州縣之官吏復憚
於工役樵牧之論何由閱達然吾軍之不知不過無
以投人之間隙而已其利害猶有可言者至若賊
軍得之間諜陰驅潛率反得以擣吾之腹心衝
我之膺背則雖有韓信曹公之智何所施巧自今
觀之人皆知合肥壽春自有南巢一湖北峽一關

可以絶其奔突之鋒而不知自白陂入小路至木塲河謝步陳六公庄四版橋桐木鎮烏沙梅林九井而涉魯洪則可以襲吾樅陽而廣儲一倉之運已自入於賊人咽喉之中自霍丘入小路至二郎岡蘆塘故步下蕪廟山楓木崗遼峯夾石掛車廬州嶺佛嶺梅子嶺上辛嶺而入桐鄉則可以襲吾皖城而龍舒山口蘄陽三倉之運已自炊於賊人釜甑之上此淮西之二徑不可以不備也人皆知襄陽荆門固有淇漳二水虎牙一關可以遏其南下之鋒而不知自荆門界至白土中盧鎮羅坊蕭溪十會山黄竹嶺双池鄭亞山平山陽河磨石

而入穀城界則曲直相通最為勁捷萬一賊兵長驅而前乘我不備則荊門江陵果何以為禦守之策自白漳小路至橫林手爐山長湖白竹澗敖樓山古石潭陽陂而入南漳界則坦夷相接略無崎嶮萬一賊兵星夜潛發出我不意則潛江建陽果何以為控扼之計此荊襄之二徑不可以不備也以至竹山小徑七百里入峽州兩馬可以並行沙渦小徑三百八十里入麻城饘餽可以肩運賈木一徑可以入光山武陽一徑可以入蘄信若此間道未易枚舉自今宜令行下淮漢諸司逐一踏逐前件小路隨其遠近險易多方措置依兵家守隘斷險成法脩治道狹則因

山為險守以強兵必使我可出而賊不可入故彼不得以襲我之虛道闊則因澗為濠守以強弩必使我可往而賊不可來故彼不得以躡我之後是謂捷徑

翠微先生北征録卷之四

破敵長技

陷騎

臣聞吳人善舟晉人善騎吳人非不善於騎也番長於馬漢長於弩諸番非不善於弩也吳人生於圮澤之鄉故舟楫之事不待於教習而自能彼諸番生於馳逐之地故騎射之巧不待於指使而自精是豈得之見聞求之閱習如漢晉之士耶蓋人力之所充不如天性之自巧出於勉強學習之所致者其與夫與生俱生者過人遠矣況　今日之事地不可同技非其敵前代名將固嘗討論番漢短長以求制其所

能矣彼以騎制騎猶不足承勝況　今日三司五駐
之馬皆可數計而虜人一鶻所指動輒數萬固不
勝其可憂矣柰何尚敢言於進取哉吁燕冀之
游鬣非淮漢之騾駒秦晉之騎士非江浙之蒭牧
馬產於西夏而軍招於江淮之間固已物性之不相諳
蒭秣於營檻者有年于茲而馳驅千里脊破骨穿
乃藉水草於荒山之蘆葦是又風土之不相得也其
相去有若天壤　今日諸將詎可不急料其長技
平議者謂禦騎者無出於車隔騎者無出於弩臣
嘗獻輕車之制於前論製弩之制於後矣然車徒
能制騎於鋒交刃接之時　鋒之未交刃之未接何

以使騎之不可逞弩徒能制騎於三百步之外而三百步之內何以使騎之不可逃故江湖陷騎之法必欲運機緘於衝突之時雷轟電掣之聲皆有所不及施設器具於馳騁之際使其風回霧轉之巧皆有所不及逞彼方恃其一騎當八卒吾必使其八騎不足以當吾之一卒彼方恃其一騎射足以敵吾之十戈矛吾必使十騎射不足以敵吾之一戈矛蕃馬之駿反不如吾步卒之能馳騎射之精反不如吾戈戟之易中是謂反主為客易短成長此前輩伏弩於林可敗其騎而誇果敢斷木於道可得其馬而馬果得皆此類也然陷騎之法江湖傳襲不出一端大率不過虜騎衆多不

容闘敵伺其所行之道制為陷騎之具勿令賊知然後示之以弱以誘其必來啖之以利以致其必至使其墮我之圈圚而不自知入我之陷穽而不可脫其法有六一曰伏鎗謂用火煉竹槍斜埋成列却於鎗頭所到處掘地成窟長一尺五寸闊半之用竹一尺八寸埋在內次以竹圈挽鎗着地覆以草茨不令知見復用挽鎗竹圈從窟內繫提頭索别曳於鎗頭所指處一丈許遇賊馬踢動提頭索拽去挽鎗竹圈則鎗頭向敵起地三尺賊馬無不中傷二曰絆索用麻索各長五丈已下兩頭及中間各長一丈用木椿繫索釘之於地用青竹竿五條撑索腰控低着地扣

以機括木鈎如獵具制遇馬足觸動機結則撐索竹
去地三尺賊馬無不被絆三曰馬拖謂用竹削成筋
大其長數倍於筋其錐甚銳用以簪地其尾則用熱湯
煑過令槌碎和麻各以成索索尾又安扣頭扣轉於
竹片之上仍將鎗桿曳索於竹片之首遇馬被套而走
則索尾之鎗自卓其腿腹四曰馬筩用掘地成穽深
一尺闊三寸內置攢錐遇馬足被陷則攢錐自刺其
蹄踵五曰青穽謂於麻麥草芥之地掘而成穽不
以廣狹上以蘆蓆若盤竹蓆之屬覆之而掩以麻麥
草芥隨其物之類色使敵馬不覺足陷六曰白穽謂
於塵沙土石之地掘而成穽不拘廣狹上以蘆蓆竹

筣之屬覆之而掩以壓土沙石隨其地之顏色使敵馬不覺足陷已上六法皆於道路預先修設以待其來然器用之設非瞬息可成制作之艱非須剋可辦乃若倉卒相逢不期而遇前不得以靡其鋒後不得以避其銳當是之時不費寸土尺木而賊馬自抵於損傷不勞足馬僨輪而賊騎自至於顛覆其法亦六一曰刺毬四方有鋒中間有蒂以鐵為之二曰蒺藜礪之以鋒芒之以毒以鐵為之三曰茅針其形如針而稍大以鐵為之三曰茅針其形如針而稍大以鐵為之四曰鵝項其形兩曲而上下皆銳以鐵為之五曰菱角以鐵為菱角六曰皂角以鐵為皂角已上六法皆預

先打造遇欲用則令荃揷撒擲在地然平原廣野我知而敵不知乃可施巧道狹路隘敵險而我亦險將何以為兩難見巧之策莫若因地設險使敵騎之來可入而不可出吾軍之利可見而不可奪其法有八一曰踢圈以竹為圈揷於馬道以索續於竹圈之上用套馬足二曰截徑用竹弩一張竹擔七片菠萎一隻以馬尾頭髮之屬民之馬道馬頭觸之則箭發馬倒三曰伐木馬行於林樾之中令伐木橫道則馬不可過仍止令半折不得伐斷恐為敵人下馬拖拽離路四曰結草謂馬行於草野之中其正路故令斷絕磚石堆塞柴茨却於四圍用草結縛其梢令闌絆過路馬急走則被絆

衆隊皆倒五曰種冰謂道路險峻或高坡峻岸或斜城陡崗當令迎風灌水凍結成冰則滑溜不可過六曰裂石謂馬道窄狹兩傍皆土木當令抄掘塞路七曰斷橋謂馬驚過橋梁必毀拆令不得度八曰瑯琊版謂用版釘琅琊釘扵上行則載扵粮車之上用則埋扵沙磧之地已上八法皆能陷賊騎扵道峽險要且扼賊扵險此固可用賊知險而不入將安用之在我則有誘騎之術使賊馬見此踴躍而前奔騰而至自抵死亡自投陷穽而不容止遏其法有四一曰芻誘謂敵馬行遠久闕草芻故下置陷穽鎗刺而上覆芻秣使馬見之自投死地二曰餌誘謂賊馬肌餓日

久故下置陷穽鎗刺而上覆蔽粟豆料使馬見之自投死地三曰獻青謂賊馬入境久不牧放有草淺青蒼之地設陷穽鎗刺使賊望見草色而不顧險陷四曰獻白謂賊馬入境久不汲飲即於陂池溪澗之地設陷穽錐刺使賊馬望見水色而不顧險陷已上四法皆令賊馬自越水火前凡二十四法皆陷騎緊其它如水藥之秘風沙之変雖曰奧妙然雜以浮誕姑置忽論誠能明此復類推而意該之吾將反慮慮騎之不多至耳何慮其長技之不制哉

今日　國家西南之程驛既斷續而不登淮漢之駒養且收買之無術三司江上之蒭牧復不聞於增益

而陷騎之策諸将未聞有知其一二者臣故摭其大
略而僭言之若夫江湖鎖細之論臣不復為
陛下獻是謂陷騎

翠微先生北征録卷之五

翠微先生北征録卷之六

将師小数

捜伏

臣聞天下之事耳之所聞目之所見者皆可以預備耳目之所不聞見則預備之術何自而施聲音之相接顔色之相覩者皆可以巧致至於声音之不相接顔色之不相覩雖欲巧而致之詎可得耶兵家攻其不備出其不意以逸待勞以飽待飢乘人之不及攻其所不戒者皆伏兵説也孫吴之書韓曹之術皆有出奇設伏之名而不及九伏十一伏之法雖遺逸之士言其大槩而得其傳者類皆粗略故其所存惟九

伏而已一曰山伏謂山巖崎曲閑隘險阻二曰土伏
枯壕堤岸古城舊壘三曰草伏草蒿蓊欝茅葦掩映
四曰林伏蒹葭荆棘茂林脩竹五曰夜伏天色昏暗
夜氣晦冥六曰煙伏山嵐氛霧罩占郊野七曰水伏
東葦流身覆荷蓋面八曰津伏橋梁枯涸屋舍幽暗
九曰僞伏我欲設伏而窘於無兵欲不設伏而恐其
襲我故就險阻之處僞為塵埃旗幟如設伏之狀使
賊疑而遁以是九者出軍之日先選機巧合干人一
名為伏兵將應行軍下營專一揀擇形勢多設奇伏
以備盜刼故伏兵之法一人不知万人不期一夫不
睹萬騎失措至於曳柴揚塵而中有突騎斷木成菴

而後有伏弩皆所謂流伏是也善伏兵者藏於九地之下善發伏者動於九天之上鬼神有所不能測雷電有所不可及微乎微乎至于無声神乎神乎至于無形伏而至此詎容以言盡耶蓋伏生於奇奇生於機機生於正奇正發於無窮之源非貞機之君子安能與於此哉然善於設伏而不善於搜伏恐我之伏以陷彼者將轉而為陷我之具矣故搜伏之法遠入虜地營壘生疎道路險隘恐其設伏尤當先發伏兵將縱橫搜索斯無疎失故草中走獸突出則伏必在草林中飛鳥鳴噪則伏必在林無風而竹葦自動則伏必在山　無雨而灘磧自濕則伏必在水溪澗渾

濁則伏必在流凹塢昏暗則伏必僻野無風起塵則伏必未定未曉雞鳴則伏必夜動故善搜伏者必依四搜之法炬木組竹擊石連弩搜生而縱死搜向而縱背縱火於東而靜搜於西發弩於左而靜搜其右是謂搜伏

反泄

反號召

反旗幟

反金鼓

反烽燧

臣聞我秘敵泄則勝常在我敵秘我泄則勝常在敵

近日邊政正墮乎此故自田俊邁擒而虜人出我翦河安豊之兵盡用吾軍之旗幟而吾軍每敗於下認之不真自吳曦叛而虜人入我安復荊襄之兵盡識吾軍之隊伍而吾軍每泄於機械之不密此兵家反泄之法蓋不可不講也然反泄之法有四一曰號召謂昔以青旗而招將佐今以青騎而招士卒昔以白旗而招統制官今以白旗而招隊部將二曰旗幟謂昔以青為左白為右今則以青為白使敵人不得以知吾左右之名昔以青為直黑為曲今則以黑為青使敵人不得以知吾曲直之勢三曰金鼓謂昔聞鼓而進今則聞鼓而反止昔聞金而止今則聞金而反

進四曰烽燧謂昔以一燧為遇寇二燧為索救今則反以一燧而為索救之號無煙為無事有煙為有警今則反以有煙而為無事之驗是為反泄

暗認

臣聞晋師偽旆曳柴而司馬得脫虞升卿易衣入質而戎虜果信曹公偽為袁氏之旗而焚袁氏之輜重于仲文偽建尉遲之幟而襲尉遲之守將皆吾軍詐以誘敵而致其師也況使敵人詐以致我哉此暗認之法不可不講也一曰旗號謂恐敵軍詐作吾軍合於相遇之際先遂將隊旗幟三伏三起盡行捲軸復將旗捍三伏三起盡行舒展若彼軍起伏皆如我法

然後合陣否則番軍即時掩殺二曰金鼓謂恐賊軍詐吾號令即令諸軍於相見之際一鼓一金次二鼓二金次三鼓三金彼既同此相應即是吾軍然後合陣否則番即時掩殺三曰陣法謂恐賊軍詐吾軍號令諸軍於相遇之際不以人馬多寡分為兩隊左隊左旋右隊右旋至一周遭而止彼既同此相應又令諸軍急合而為一陣双日左旋隻日右旋至一周遭而止彼又同此相應即是吾軍然後合陣否則番軍即時掩殺是謂暗認

潛易

一易將

一易兵

臣聞以將聞於天下者易將不易兵以兵聞於天下者易兵不易將吾之能將素為三軍倚重一旦它出則營則賊軍必覘吾後吾之精兵素為敵國震服一旦改發它道則賊軍必伺吾隙故兵家祕法易將則兵不隨行所以使兩軍之皆重易兵則將不同往所以使彼此之兼全兵發之日去籍撤覊而炊宿無蹤曉出夜行而塵不起將發之日不撤儀仗以愚敵軍不落號帶以安我士故易將而兵無失將之憂易兵而將無失兵之慮是謂潛易

急據

據山
據水
據林

臣聞爭山不得上則利在趙而不在秦爭水不得渡則利在漢而不在楚兩軍相遇不據利地以抗之詎能拒敵人於倉卒之際哉此據利之法不可不講也然其法有三一曰據山謂三軍遇敵既無城邑又無溝壘即於近便有山不以高低據以為險靜以待敵登高望遠可見虛實而施吾破賊之謀發石斷木可避鋒銳而拒其逼我之勢二曰據水謂三軍遇敵進無可依退無可保即無可保即於近便有水不拘淺深

急據為險靜以待敵敵渡則候其半涉而擊其濟
薄之師敵逼則誓衆以死而激其背水之戰三曰據
林謂三軍遇敵既無山阜可依復無川澤可據即於
近便有林木掩映急據以為待敵之所敵將而愚則
依林設伏而敵不及備敵將而智則緣林發矢而敵
不可入林燥則畏焚而敵兵不可搜林密則畏絆而
敵騎不敢逼然後張翼僞遁而反擊之是謂急據

分渡

兵多地廣則分一為十

兵少地狹則分一為五

臣聞涉水為兵家之至險半渡可擊見於書半濟而

擊詳於法故分兵而涉則過路多而敵無禦我之謀合兵而涉則過路少而我無絕敵之策此分渡之法不可不講也然其妙有二兵多地廣分一為十使對敵一軍先至水次而不得渡敵軍必相持於水岸而不容吾軍急涉即佯與交鋒於水之兩傍使其餘去敵差遠九軍急涉彼岸直衝敵軍之後與敵邀戰待其反顧而拒我九軍則吾對敵之軍可不戰而自涉矣兵少地狹分一為五使對敵一軍先逼水岸而不得渡敵軍必相持於水岸而不容吾軍急涉即佯与交鋒于水之兩傍使其餘去敵差遠四軍急涉彼岸直衝其軍之後与敵邀戰待其反顧而拒我四軍則吾

對敵之軍可不戰而自涉矣故分渡之妙後涉之兵先發先涉之兵後發彼誠能拒我之二三則我之已涉者蓋已七八彼誠能拒我之一二則吾之已涉者蓋已三四是謂分渡

自記

雪迷　塵迷　煙迷　雨迷

夜迷　人迷　馬迷

臣聞陰陵之失項羽之勇無所逃霸陵之失李廣之智不能免吾騎遠出吾軍遠探或雪迷路逕而士卒易忘或煙暗山川而士卒莫下或塵埃草奔而難認形勢或風雨晦冥而不見山坡或星昏月暗而夜入

它路或人疑馬蹤而誤行別徑是謂軍迷最為患諸在我有自認之法一則採探馬軍及吾軍將士常帶五色花紙錢替代數沓及造小布袋一枚內貯石灰令滿安在搭袋之內遇白晝兼程星夜潛發路縣[illegible]認野無蹤跡雪則用五色花紙錢替代之屬繫掛於茅葦草木之上仍以數之多寡而辨其遠近次序則積雪之中不致迷道雨則用石灰布袋之屬印灰點於地面之上仍以點之多寡而寓其遠近先後之別前隊先回則添紙錢增灰點而使後隊之不相失後隊先回則又減紙錢亂灰點而使前隊之不相誤紙錢則青黃赤白黑五色以表遠近灰點則以一二三

四五数目以表往来紙錢則收以便袋腰複而以備緩急灰點則曳以鞭弰而用以印點賊人見此將謂村民祈福之具獵人捕獸之跡而不知吾軍用為鄉導後軍欲尋前軍則望此趨向前軍欲追後軍則得此記認是謂自認

就順

順山　順水　順風

臣聞勢不兩立術不兩全処已於順則在彼皆逆処已於逆則在彼皆順故爭山不得魏兵以賊拒水上流蜀軍以勝順風揚塵賊軍以潰皆古人就順之驗也兵家未嘗明言之近者諸將失紫金山而花靨受

敵失故鎮河而符離受閉夏風多南冬風多北不風
勢而淮北之師敗於暴風霰雹之所震皷者屡矣此
順就之法不可不講也一曰順山必使吾軍先居高
險則賊自陷於低下故矢石擊發我遠彼近人馬馳
逐我逸彼勞我則前峻後險而無向不濟彼則內卑
外高而數面受敵二曰順水必使吾軍先占上游則
賊自墮於下流故順水行舟順流濟兵而利害之勢
已分拒水為營背水為陣而難易之形已判自上而
下在我有摧枯折朽之易自下而上在彼有登高陟
險之難三曰順風每遇戰鬪風起必使吾軍先背上
風則賊自不能免於風故曳柴揚塵而敵軍莫知吾

之虛實吹沙走石而敵軍莫當吾之衝突順風揚藥而敵之口鼻可以受毒因風縱火而敵之營壁可以延燒是謂順流

翠微先生北征録卷之六

翠微先生北征録卷之七

治安藥石

器用小節十有三

甲制

臣聞周禮有函人之職司馬法有甲士之制朝錯以五同論兵甲弩矢馬燧以短長三制造鎧衣士皆所以避烽鏑全肢體稱大小便進趨也然造甲之法步軍欲其長馬軍則欲其短弩手欲其寬鎗手則欲其窄其用不同其制亦異否則拘於定式昧於從變肥者束身太緊甲身則可周後背而前胷不交甲裙則可閉後髀而前跨不掩瘦者掛體太寬挽弓發箭則

甲不貼體而胷臆絣撲有斷絃脫筈之憂揮劒刺鎗則甲不付身而腰背鬆虛有抵手礙足之患長者不過膝腕而矢石可及短者垂及脚面而泥濘不前小有不便則拆去甲葉而遺棄不收大有所妨則割去全段而拋擲不顧製作之艱費耗之廣不幾於徒費乎故君子謹其微於制作之初焉是謂甲制

人甲制

一第一等甲腰圍四尺五寸批膊五吊上數直下五吊橫搭不計

頭魁覆釜二尺五寸

一第二等甲腰圍四尺批膊四吊上數直下四吊橫搭不計

頭魁覆釜二尺三寸

一第三等甲腰圍三尺五寸批膊三吊止數直下三吊橫搭不計

頭魁覆釜二尺一寸

一第一等甲裙直下長一十五吊不計橫段

一第二等甲裙直下長一十三吊不計橫段

一第三等甲裙直下長一十一吊不計橫段

臣聞物之不齊物之情也秦人越人之肥瘠不可以同衣吳人越人之好惡不可以同舟心廣體胖心勤形瘵此固賦分之不侔在我豈容以逆其所賦而強之以必同哉故士有肥瘠甲身不可無廣狹材有高下甲裙不可無長短故第一等甲所以給肥胖之士也肥胖之士亦有長短故甲裙又分為三制使肥而

長肥而短者皆可披帶第三等甲所以給中常之士也中常之士亦有長短故甲裙又為三制使中常而長中常而短者皆可披帶第三等甲所以給瘠弱之士也瘠弱之士亦有長短故甲裙又為三制使瘠弱而長瘠弱而短者皆可披帶每遇給散則隨其肥瘠長短而選給之則肥瘠長短無一不稱其用人瘦甲寬則鄒管皮柱定不可行坐甲小人大則掩掩不及而不避金矢皆成弃物是謂人甲制

馬甲制

一大全裝六件

甲身一副　搭尾一件　雞項一件

一大秋錢一件　小秋錢一件　面子一件

一小全裝六件

甲身一副　搭尾一件　丫項一件最緊

雞項一件小　面子一件　秋錢一件

已上諸軍見造大全裝而小全裝未聞造

用近年獨　殿司江池鄂四司新造披帶

一未帶甲先用襯副兩件免打破馬脊駞滑辣

甲圈用布袋褁草把

已上諸軍不曾造用亦無上件製度

一甲身欲平鞍韉不得太長免馳驟綰絆多費甲

葉

一雜項合用綿衲免頭項重滯

一衣様合用小全裝免多費工匠甲葉及披掛省便

一馬面子合用臣新制貼額

臣聞周馬之身最為利害惟頭面胷臆馬面子舊制雖巧近日符離陳蔡之役馬多被傷中壽星腦額而死臣今制為貼額用綿布衲作一片貼在馬面子內額腦之間脱遇矢石可透鐵面尚有貼額可隔此馬面子所以合用貼額大全裝雜項大而秋鍐小或暑月悶熱雨雪氷結徹去秋鍐尚有丫項可蔽肌肉此馬甲所以合用小全裝我軍馬甲甲身例是垂下過

韂一尺許所以披帶重滯馳驟綰絆賊軍馬甲甲身只是平腹下用虎班布裙遏箭皆被鐈揉所以披帶輕捷馳驟俏俊此馬甲身所以合用平韂難項重則頭低項曲而馬被控抑難項輕則頭高項直而馬膔鬆寬此難項所以合用綿布夾衲赤身帶甲則擦損肌肉而久成臭爛襯以藉褥則護惜皮毛而不致破傷此馬甲所以未帶甲先用馳滑辣甲圈兩件是謂馬甲制

馬軍甲制

一腰圈合用四吊

一甲身合用左掩

一甲裙合用過膝三寸

一吊腿合用摘吊

臣聞馬軍与步人之甲有四不同步人則直身起立馬軍則蹲坐低控馬軍腰圍若依步人皆用五吊則上拄兩胯而不容低昂下擦雙胯而不堪轉動所以獨用四吊步人則兩足循行左掩則背安結項而穿扣不順馬軍則緩急上馬右掩則擿定左足而跨鐙不及馬軍甲身所以獨用左掩步人則直身行立短則露足馬軍則曲膝蹲坐長則綰絆馬軍甲裙所以獨用過膝三寸步人則甲身腰圍吊腿連成一片名曰全裝而易為披帶馬軍則吊腿拖泥遴作二段名曰摘吊而便於去取故截為兩段上安結項四枚遇敵則掛上吊腿而用避矢石退師則解入搭袋而免

被牽制馬軍吊腿所以獨用揭吊是謂馬軍甲制

弩手甲制

一甲裙欲移向後

一甲裙吊腿欲短

一甲身欲寬

臣聞弩手與鎗牌弓箭劒斧手馬軍之甲有三不同蓋馬軍鎗牌等手例欲身材長大獨弩手不嫌矮短故軍中類選不及等伏者為之馬軍鎗牌弓箭等手已為最短況舉足入鐙而易被堄絆曲膝靠椿而易為走衮此弩手甲裙所以獨欲短捷其他甲裙後交前空則恐被矢石弩手甲裙前交後空則有礙椿鐙蓋古法陣前有車車後伏弩今制陣前有牌弩隨牌

後弩手之甲雖不庇兩足而車高一丈二尺牌高六尺五寸全身亦可庇護此弩手甲裙所以獨用向後㐌甲惟欲緊束則挽弓刺鎗無所牽制弩手惟欲鬆寬則踏鐙衮椿無所靠倚此弩手甲身所以獨用寬綽是謂弩手甲制

弓制

一馬蝗面弓謂用大牛角解截成面而闊過棧滿則曲如扇圈受力均勻不嚼不走不悶不肭

一泥鰍面弓謂用小牛角解截成面而狹過棧滿則曲如折竹受力不勻易嚼易走易悶易肭

一披背筋法披筋一版晴暄合待半月陰雨合待

一月方令再上或連披数版則内濕外乾射不
旬月解脫可待

一漆弓背面法用漆一重晴暄合待十日陰雨合
待二十餘日方令再漆不可日添数重則内濕
外乾射不季月斷脆可待

一褁弓之法或用黄樺或用桃皮或用朱紅皆不
若黑生漆免被水透

一消弓之法或用白角或用魚枕或用繪畫或用
紅緑花釆皆不若用黑生漆免費工績

一步射弓諸軍皆用一碩一斗一碩一斗并一碩
此皆廢物今制合用九斗八斗七斗内九斗放

少八㪷七㪷放多造

一馬射弓諸軍皆用一碩九㪷此皆廢物合用八㪷七㪷六㪷内八㪷放少七㪷六㪷放多造

臣聞軍器三十有六而弓為稱首武藝一十有八而弓為第一其緊切尚矣今之制者何蔑裂之甚耶蓋筋角不能自相固結故假之以膠漆膠漆不能自相堅實故壯之以筋角然二物相資必經隔旬月候其自乾然後再用是謂年弓月箭否則弓雖易成膠亦易脫馬蝗面濶而受力均匀受弦端正故發矢可期於破甲泥鰍面狹而弓愛走反面愛斷嚼故臨用多至於誤人皆由擇角之初大角價高小角價低有司

喜賤而惡貴故凡所在買到軍須小角常多而大角常少有司非喜用小角而惡用大角也大角之價常倍於小角小角之價常半於大角此固價之不相若矣況角之大者至為艱得若全用大角則作匠所選愈難而倉卒亦無收買去處我監只得兼用夫小角界成狹面面狹則力軟故令面厚遂成泥鰍之狀大角界成闊面面闊則力硬故令面薄遂成馬蝗之狀泥鰍乃貞滑之水族馬蝗乃闊匾之介蟲此取喻耳至若用黃樺桃皮以裹弓面牛角魚桃以裹弓梢徒為觀美不若用出山生漆刷髹兩重則雨不能濕水不能透亦心弓力軟小飢疲之卒方能牽挽滿箭不

然則拽不過面箭去無力是謂弓制

翠微先生北征録卷之七

翠微先生北征録卷之八

治安藥石

弩制

一蹺鐙弩牙裏一尺八寸五分葫蘆頭四寸木檐長五尺八寸一名馬黃一名克敵一名破的一名一滴油張憲伏之於中林而捉真珠郎時俊用之於射狐閑而敗四太子

一神臂弩椿牙裏一尺八寸葫蘆頭四寸鐙二寸椿長二尺三寸角檐長四尺五寸

一鍪頭弩椿二尺葫蘆頭五寸鐙五寸山口五寸鍪頭五寸椿凡長四尺木檐長七尺

一春夏雨水蒸濕宜用木弩
一秋冬筋角堅固宜用角弩
臣
聞番長於馬漢長於弩制騎以弩此舊說也然近
日諸軍弩手皆只指版人身通以五尺為率上頂至
項一尺則下止四尺泥濘五寸則上止有三尺四五
寸弩手進則踏弩以射退則肩弩以歸檐長若過六
尺樁長若過三尺肩弩則檐捎柱地而下有綰絆之
憂踏弩則樁頭柱胷而上無牽挽之力草萊藤蔓之
地攫其牽綰必棄弩而空走塗潦泥塹之地被其踢
絆必為弩而喪軀今欲使弩斟力自二碩至三碩不
許太硬令久疲之兵易於蹉踏使弩檐自五尺至六

尺不許太長令矮短之兵易扵肩射夏暑之月梅雨蒸潤筋角易脫則用木弩秋冬之月嵐色嚴冷木索重滯則用角弩其鑿頭等椿擔太長者悉令諸軍減令短捷則庶無廢器是謂弩制

弓箭制

一箭鏃五

石蓮頭　鑿子頭　喬麥稜

寸金鑿子　破甲錐

已上惟寸金鑿子破甲錐易入甲最妙

一箭翎六

皂鵰　白鵰　野雉

鴻鵠　　鵝鶴　　鴈鶩

已上惟雕鶚鶻翎三色最妙然鶻鶚艱得

不若皆用雕翎

一箭簳五

腦節　　巴翎　　腰間

通簳　　天注

已上惟通簳天注最妙

一箭筈三

山繭　　采漆　　桐油

一粘翎

漆　　膠　　兼膠走絲

一鏃重不得過三錢箭重不得過十錢

臣聞矢不破堅　無矢同矢不破甲反資敵用造矢不可無法尚矣近日所製箭鏃太重箭幹太麁膠易解散翎易脫落其故何耶盖古人之制箭欲其去之勁直也故翎之羽曰鵰曰鶴曰鴻曰鶚所用不拘於一名欲其去之鋒利也故鏃之以金曰石蓮曰鑿子曰喬麥稜曰破甲錐所製不拘於一樣幹有腦節巴翎腰膶之辨筈有山繭采色桐油柹漆之别然考其已驗之迹翎則鵰鶚野雉為最捷鏃則寸金鑿破甲錐為最銳簳則通簳去直而易中筈則漆易成而省費餘皆徒事觀美不堪實用虜中軍器上皆有元監

造官姓名年月遇有損害有悮使用即將元監造官吏依法施行斷不輕恕所以屬匠器具一一如法而吾軍製作之司一切不問只欲速成可以逃責備數足矣此所以類皆茍簡蔑裂而不中用也況鏃重則弓軟而去地不遠箭重則弓硬而中甲不入舊法箭頭重過三錢則箭去不過百步箭身重過十錢則弓力當用一碩是謂弓箭制

弩箭制

一弩箭用竹翎鵝翎

一弩箭合用隨絃至檐更放鏃出檐一寸不得太長惟一滴油只依舊法

一弩箭皆用竹簳或遇無竹亦可用柳番賊皆用
柳簳

一弩箭鏃合用寸金鑿子破甲錐

臣聞弩箭之制與弓箭不同弓箭職絃而安筈頗難弩箭平頭而安筈甚易弓箭太長而擇簳甚貴弩箭太短而擇簳甚省比者帥臣造華車弩而箭用鐵簳故失於太重而不能及遠造克敵弩而箭用索翎故失於大鈍而不能取親均於無用要之鏃用石蓮頭喬麥稜則光滑而不能入甲不若用破甲錐寸金鑿子則鑿上有鋒而易入竅隙翎用禽羽則得箭者尚堪再射不若用竹片裁製則翎口如刀而易穿肌肉

是謂弩箭制

鞍制

一名西橋前後橋皆高壓不着肉不打破馬脊可用

一名海栩橋前後橋皆低壓即着肉雖有連替亦搨脊損馬不可用

一名太師橋前橋雖高而後橋亦低受壓則打傷馬後脊不可用

一名錯結衰後橋雖高而前橋亦低受壓則打傷前脊不可用

一鞍橋鞔座合用黄油皮不得用粉皮惹水濕衣

一鞍橋下髮替合用摘笞相連不得用凉替攀橋
　上馬則鞍倒垂馬腹誤人性命
[illegible]閑鞍橋制有數等一曰太師橋二曰錯結褁二曰
海糊橋四曰西橋近日三司諸軍皆用太師錯結褁
海糊三様池陽江鄂京南襄陽多用海糊一様海糊
之制前後橋低貼馬肉其摘笞低壓馬脊師出日久
馬膘瘦減受重則鞍頰打破馬脊膿血潰爛不堪乗
騎以至死傷前歲海泗符離唐鄧之役皆坐此患海
糊橋病錯結褁後橋雖高而前橋亦低故傷馬前脊
太師前橋雖高而後橋亦低故傷馬後脊惟西橋一
様前後橋比他橋皆高數寸搭袋常繫後橋之下雖

上載甲軍下　捎搭鞍韉亦不着肉鞍橋亦不砑脊甚為利便関西人多用故曰西橋然諸軍鞍座尽用粉皮欲使騎坐者不被瘡閣不知粉皮惹水遇雨則濕浸內透坐馬者衣袴皆濕大為利害不若用黃油皮鞦之及鞍橋雖用高空下用連替摘簮免有轉側緣凉替与鞍相離上馬攀橋則鞍与替不相粘着多致攀轉鞍橋墜下馬腹臨隱誤人性命是謂鞍制

靴制

一靴凹合用粉皮熟軟

一凹口合用軟皮帶繫

一靴面及鞍底皆用硬皮

一靴鞋底皆用漆蠟

臣聞馬軍騎馬則吊腿欹斜而兩足可憂下馬則坌刺暗設而鞋屨可破靴之功大矣然近日馬軍類多脫去馬靴或息於附帶而棄之郊野或寧使赤露而束之鞍鐙殊不可曉及考其所自盖　今日諸軍之靴皆用粘牛皮製造故皮性大硬未着則不能穿足入脚襪凹太深既着則不能擡足起步韋馬下程則夾破脚趼而又成瘡瘢落馬墜地則拄定膝胯而不能起立不惟肌肉不保且反傷於磨擦其視金賊所製之靴万万不同今後宜令襪用軟皮而上則繫以皮帶鞋用硬皮而下則抹以漆蠟其制与今人軟凹

泥靴相類而不用釘距是謂靴制

馬鎗制

一正帶甲馬軍一百人　一准備帶甲二十人

一傔兵五十人　一火頭三十人

一額外輜重三十人近添作四十人

一正旗頭三人　一副旗頭三人

一小鎗一十八條

臣聞呈試有四門馬鎗揀拍有馬上單鎗岳飛教制襄之兵有揩鎗射李顯忠教閱西之兵令弓手帶鎗鎗手帶弓馬軍之有鎗尚矣自近代善馬射者不善馬鎗所以每隊只選馬鎗一十八條正副旗頭六名

其餘皆係弓箭立為定制不容增減蓋新刺馬軍新補馬効不練教習不熟弓馬兩手狹弓猶恐不能施放更責以馬鎗兼人之能則彼安能獨辦要之一隊皆係老舊馬軍則令各稽小鎗而不拘以十八人之數皆係新招生踈之人則令專事弓箭而不拘以正副旗頭之額庶不強人以短而反害其所長是謂鎗制

叉鎗制

一叉桿蒺藜條為上柘條次之楓條又次之餘木不可用

一穿鬪鎗叉合揀擇鎗大小与筒口相等然後穿

套
一造鎗須令鎗頭义口用鋼筒并鎗身义身尽合
用常鐵
一穿闘义鎗先比量桿頭相等次用膠漆麵調塗
傾入筒口令盛滿却倒用桿闘上庶无動揺脱
落之弊至鎗桿朽腐而桿頭猶不脱及雨水不入
目聞舊制淮東敢死軍多係鎗义手淮西忠義軍民
兵多係鎗刀手刀姑置勿論而鎗义之弊有四一則
近年收買鎗桿全無選擇多用雜色輕木臨用脆折
反被脱誤今後鎗义桿須用蒺藜條楓木赤仙木方
免桿身易折二則諸軍穿闘鎗桿不問筒口桿頭巨

細例用銼斫令小便行裝鬬綫遇中物則鎗桿皆從銼斫處斷作兩截今後須令比量筒口桿頭一樣略削放尖不得銼斫令小方免桿頭斷落三則諸軍鎗叉例皆用團鋼打造故倍費磨削虛費鋼火今後鎗尖叉口皆令用鋼鎗身叉背皆用常鐵方免倍費工績諸軍穿鬬鎗叉等軍器只此削得巨細相等便用鐵釘釘上鎗頭叉頭以故臨用或鎗頭中物而搖動脫落或釘頭入木而桿頭損折今後須令煎膠入漆和麵調塗傾入筒口方行穿套庶免動搖傷折是謂叉鎗制

翠微先生北征録卷之八

翠微先生北征録卷之九

採探之法五

採探

臣聞兵家之有採探猶人身之有耳目也耳目不具則為廢人採探不設則為廢軍耳一身之聾瞽從能廢吾之四躰而三軍之聾瞽則其所廢者可勝計哉故候吏不嚴君子以為無耳目之軍杜預設絳白之旗而見敵有辨馬成設煙火之燧而事皆預知趙充國之破先零得高山遠望之便吕蒙之襲關羽必先縛其屯候使不聞知而降其二將渾鎬之討義武知其邊備不設故能深入賊境而大敗其師李愬之入

蔡州乘其候吏不知故能直入賊營而生擒元濟兵家惟其先人故能有奪人之心閑中之王在於先入比山之勝在於先據彼有賊至帳中軍吏未覺兵至城内簫鼓未絶皆由其無採探也　國家承平以来廟堂愚闇邊備將帥不買間諜無事而修邊防則謂之引惹邊事有事而論形勢則謂之泄漏兵機所謂夾山之張合肥之魏磨盤之王正陽之邊塗山之石花靨之解安豐之倪小王衝之張蘆塘之朱桐木之周九里閃之胡石門之王桐柏之吳界山之江故家遺俗世相傳襲其所謂子弟非過淮盗馬則越漢運鹽其所謂牙爪非私販銅錢則私通榷貨河南之地

如其室家商號之間即其堂閫紹興年間如張劉諸
臣皆廣行招致以備緩急近年以來諸將例皆庸駑
不武之士上自宣招三司帥臣下而江上諸軍將帥
未聞有一人能搜訪間諜收拾遺逸以資聽聞者所
謂採探之法視為何物甚至邊候不嚴邊鋪不設無
賞賚以維人心無金帛以壯士氣得事者無功誤事
者無罪故士不出境採不入賊射貽山陽之於漣海
安豐花黶之於壽春桐栢唐城之於襄信招信濠梁
之於沂泗相隔一水相望一舍煙火之氣騰空相接
而莫知也兵之多寡雞犬之声朝昏相聞而不知敵
國之虛实所謂賊將之姓名賊技之能否賊勢之進

退賊情之勇怯盖殆若異世之事耳敢望得其萬一哉此無怪其喪敗也惟能依此置鋪召募間諜明遠斥堠則屯邊之兵無事得以休息有事不至窘束是謂採探

候望

舊法日遞烽煙其弊有四不可用

一煙霧　二暴風　三雪雨　四塵埃

舊法夜用烽火其弊有三不可用

一風雨　二煙霧　三塵埃

新法日遞旗號有三不可用

一陰雨　二煙霧　三塵埃

新法夜遞金鼓有五不可用

一地遠　二風逆　二暴雨　四賊鼓

五溪澗

臣聞兵法視不相見故為之旌旗聽不相聞故為之金鼓所以傳遞相報瞬息百里而非人力所能及也然舊法日用烽煙謂如燒一煙則賊不至燒二煙則賊塵起燒三煙則賊步至之類是也然其患有四一則煙霧罩占二則暴風吹鼓三則雪雨昏瞎四則塵埃遮蔽此烽煙之不足恃也舊法夜用烽火謂如舉一火則賊不至舉二火則賊騎至舉三火則賊步至之類是也然其患有三一則烽火以雙隻而見賊之

遠近陰雨晦冥則雙隻不分二則烽火以縱横而見賊之東西遇煙霧則縱横不辨三則烽火以巨細而見賊之多寡遇塵埃則巨細不測此烽火之不足恃也新法日用旗號謂舉青旗則賊不至舉白旗則賊塵起舉黄旗則賊騎至赤旗則賊步至之類是也然其患亦有三一則陰雨而不辨其高低二則煙霧而不辨其青黄三則塵埃而不辨其遠近此旗號之不足恃也新法夜用金鼓謂如一金一鼓則四顧平安二金二鼓則賊兵發動有金無鼓則賊步起有鼓無金則賊騎至之類是也然其患亦有五一則相去太遠聲音不聞二則風勢不順聲音不接三則暴雨擊

剥声音不辨四则贼振金鼓声音混乱五则溪涧湍急声音交雜此金鼓之不足恃也四者之法既不足恃故山林江湖之士有所謂褭探硬探之法者良所以濟四者之不及也然此四法行軍用師不可時刻廢廢則為人掩襲是謂候望

褭探

淮東

一外沙官莊馬邏三處地高可以置鋪屬喻口

差官部轄所以探東海山東海道動静

一横溝渡塘磨盤三處地高可以置鋪屬楚州

差官部轄所以探漣水淮陽向山動静

一小清口柴塲龜山三處地髙可以置鋪屬淮陰差官部轄所以探撩林利國清河動靜

一柵頭河口明王山三處地髙可以置鋪屬盱眙差官部轄所以探泗州臨壁虹縣動靜

一淮陵浮山朱莊三處地髙可以置鋪屬招信差官部轄所以探五河口故郡鳳凰山動靜

淮西

一黃溪義館石阜三處地髙可以置鋪屬濠梁差官部轄所以探濠河蘄縣鼓樓崗動靜

一延陵馬蚌沙澗三處地髙可以置鋪屬渦口差官部轄所以探宿州清河渦河水陸動靜

一孝義新城墩澗三處地高可以置鋪屬合肥
差官部轄所以探顛兹故鎮河下蔡動靜
一茆澗石澗魯村三處地高可以置鋪屬花靨
鎮差官部轄所以探慈鵶権塲壽州動靜
一紫金山淝口渒口三處地高可以置鋪屬安豐
差官部轄所以探顛灣潁河西正陽動靜
已上各係踏逐到上件地形高險可以登陟
望遠置鋪去處邊郡将帥未嘗討論者瀕
口以西至梁安灘蛤蚌及漢江八十
一烽山皆有望坡此難槩具
臣聞獨力所勝不如兼力之輕假目於人不如親見
之為審事之出於獨力之所成就者有不若兼聽集

視之為易得其真至於事不切於其身利害不係於其心者往往失於不知緩急之變採探之法尤患於此況夫採探之遲速係乎三軍之勞逸採探之得失係乎三軍之勝負採探之吏乃万人之司命一將之權輿也故古人於先鋒立將白旗立隊劄探立鋪皆所以重採探專候望也然舊法惟令安豐有警則特令安豐之兵傳報花靨霍丘等處盱眙有警則特令盱眙之兵傳招信淮陰等處不知安豐之人視霍丘花靨外戍為不足恤兼安豐受敵方自顧不及奚暇恤其所謂花靨霍丘之事盱眙之人視招信淮陰別軍為不切之務兼盱眙受敵方自顧不暇奚問其所

謂招信淮陰之事此斷逝之患每見於邊鋪死鋪之
患每聞於邊探也況入探不遠方見塵埃賊已鄰境
急報本戍已爲稽緩復何責其能報它所之營壁是
皆立治不良爲謀不審臨敵之際多至誤事今日褭
　盡華前弊謂如沿邊十五鋪每鋪三十人每屯各
有三人或遇有故則甲探報甲乙探報乙彼此互見
而不至於隔粤遠近交通而不至於斷絶是謂褭探
　閱逝
一硬探謂遴募膽勇材士逼入賊境必更探知虚实
一遊奕小探謂揀募輕捷驍勇馬軍往来於邊鋪
　候望不到之地探伺虚实

吕聞立法之不詳故臨事而多關人力之所不及事
皆可以言天而兵家獨不敢以言天故烽堠之相遠
利害不得而利知採訪之不容動靜不容於偏竟而
後有硬探遊奕小探之制皆所以濟數者之不及也
硬探謂遴募膽勇材士遠出賊境必要探知賊人虚
实謂如安豐硬探直至龍湾頭口等處盱眙硬探直
至臨壁青陽等處遊奕小探謂揀募輕捷驍勇馬軍
往来於邊鋪空闕去處必要探知賊人消息謂如安
豐遊奕小探常出設於花靨渒可夾淮等處盱眙遊
奕小探常往来於龜山柵口夾淮等處硬探則差出
之日重借資糧日給五券合千頭目人又加倍支候

其探伺得实即令正補仍令添支錢銀買覔間諜招
募姦細其有賊将至而不知姓名賊軍至而不知多
寡並依軍令遊奕小探則差出之日亦借資賞日幇
三券頭目合干人又加倍支候其探探得实即令正
補亦令添支錢銀以助其用其有誤事並依軍令如
此召土豪則有其資買間諜則有其具被邀劫則可
以贖軀遇閲河則可以逃命是謂閲迹

密辨

一諫候

一誤候

臣聞有間可乘不可謂良謀有弊可指不可謂良法

将皆未之曉也故候望之弊有二其一曰掠候謂煙水則蹂踐而不令燃炙鋒烽火則漂洒而不令點夆旗號則拔去而不令展布金鼓則掠去而不令鳴擊此掠候也吾則有聚探閱遍之法二曰誤候謂煙燧則易一煙為二煙三煙而使吾軍之不知其情易一火為二火三火而使吾軍之不諭其事旗號則易青為白而使吾軍之不辨其色金鼓則易金為鼓而使吾軍之不得其實此誤候也吾則有暗辨之法煙火則三隱三見三聚三散敵不知其節奏數目旗號則三高三低三展三卷敵不知其節奏金鼓則三擊三止三急三緩敵不得以傚學是謂密辨

翠微先生北征録卷之九

翠微先生北征録卷之十

戒飭将帥之道四

将帥輕死

臣聞人之身所以能自立於天地之間者其見面盖皆惟忠与義而已忠義不足而徒欲全生雖堂堂六尺備冠具裳存亦亡耳朝聞夕死聖人可之殺身成仁君子不恤古先聖賢龍逢比干首陽汨羅之士皆以一死見稱於千萬世之下至於忠臣義士每以所尺一死為恨是知見危致命以身徇道乃古人亘亘之節而明哲保身全身遠害誠趍利避害者之為耳為無愧於忠義則死奚足靳也至於将帥則不然操

两國之死生司三軍之性命吾之安危係社稷之存亡吾之憂樂係生靈之休戚别將遠征恐敗於無援漢武所以戒李廣孫軍深入慮有圍困後世所以議鄧艾梁惠王東敗於齊南辱於楚西喪地於秦七百里墜於國之根本竟成一俘者皆基於龐涓之一死趙括不恤乃躬直出搏戰它日上黨虎牢太原諸郡皆為秦土徒武安之名者由其不能自保厥生遂致身殞國辱為万世笑今之為將帥者每有委命不曰死節則曰死敵不曰願効一死報荅國家則曰願以一死上報君父吁有死之榮無生之辱兵家固有貴死賤生之説矣然言士卒而不言將

帥也奮死則生倖生則死兵家固有好死惡生之説矣然論士卒而不論将帥也甞聞士卒用命矣未聞将帥用命也甞聞士不愛死矣未聞将帥之不愛死也以是觀之忘命輕死者士卒之事也重命恤死者将帥之事也自今宜令戒飭将帥無輕生而深入無易敵而挑戰以沉厚不撓為法以玩忽輕舉為戒庶使将帥士卒之事不至倒用雖然死一也有愛者焉有畏者焉願與将軍決死戰此愛死也寇将率其衆來降此畏死也愛死者足以死人畏死者足以死身兵勢不敵墮於重圍廟筭莫施陷於重地當是之時将束手以就擒耶将忘命以死戰耶吁郭倬不死於

符離而死於市朝之戮皇甫斌不死於下蔡而死於南郡之囚圄是皆不死其所當死終死於其所不當死抑又可為將帥倖生者之戒是謂將帥輕死

將帥好戰

臣聞兵家之法戰則敗不戰則勝兵家之秘有戰則有敗不戰則無敗兵非果不事夫戰也戰則勝負之勢均矣兵危事也戰死道也勝負可聽於自然也夫鬬勝負於生死之塲者謂之戰知其必勝而後戰者謂之謀伐謀者孫子謂之上兵而攻城伐兵之策皆為次下故齊人之得舒不曰戰而曰取魯人之於蔡不曰戰而曰入齊人之於紀不曰戰而曰　叩　韋言

之於安邑不曰戰而曰襲曹公之於江陵不曰戰而曰下皆不戰也夫邀整整之旗擊堂堂之陣者戰也士卒之事也立於不敗之地而不失敵之敗者不戰也將帥之事也以將帥之事而責士卒固不可況以士卒之事而責將帥哉今之將帥所以動輒敗衄者皆專學戰而未得夫不戰之妙也學戰易學不戰難司馬法論國雖大好戰必亡梁惠王敗辱於齊楚喪地於秦蓋專於糜爛其民之戰故王者有征而無戰孫子以不戰而屈人之兵為善之善捨是之外雖百戰百勝亦所不取不得已則鬭未有得已而鬭者也臣愚欲望　朝廷嚴飭諸軍將帥招致謀夫策士講

求不戰之法則臣之後篇亦其万一若夫鬬智角力於勝負未分之地臣所不取是謂將帥好戰

材財相用

臣聞聚天下之材者在乎財散天下之財者在乎材材之於財其音雖同其為物則異而其為義則相為盛衰而不容兩立也夫子論何以聚人不歸之於他而獨歸之於財志食貨者亦以財為役天下之具古人間人之君臣報人之仇怨未嘗不以此為首謀至於受千金之恩而甘心於圖窮之誅者將不止於荊軻一人而已也何者壯士之顏色不在乎血氣之剛衰而在乎牀頭之有無通神明役鬼神亦係於所積

之多寡故古人一則曰輕利好施二則曰盡将家資散施鄉里朋舊三則曰不事家人生産作業是皆輕天下之財重天下之材而英雄豪傑之士感其解衣推食之恩蒙其得利則均之惠它日可卜其不我鄙而樂為之用雖赴湯蹈火不恤也故壯勇之士則曰募以財而募之也巖穴之士則曰聘以財而聘之也今之将帥率昧是道不知人材之得失係乎貨財之聚散顧以為財不可妄用與其奢而不足不若儉而有餘賞不可濫予與其散之於人不若蓄之於官吁鹿臺之財紂不散而散於周殽函之粟秦不散而散於漢三軍之衆十萬之師弃性命如草芥赴鋒鏑如

衽席買間諜以破其腹心之謀求鄉導以乘其藩墻之隙非有賞賚以維其心非有金帛以壯其氣彼安能樂為我用哉不然鄙吝之私一萌於臨財報功之日其視士卒之身為秦人越人之肥瘠當甘苦患難相同之日猶不能與我均有其所有則分国而王它日必無是理而免死狗烹之喻将見於吳人未滅之日矣興師之國務先隆恩欲望

朝廷明詔大臣厚賞賚重恩予無令将佐聚斂貨殖專欲誤事是謂財材相用

豪傑為間

臣聞孫子論間之一篇有曰殷之興也伊摯在夏周

之興也呂牙在殷夫殷周之王國天命之所假屬何
伊摯呂牙之能為興亡也哉蓋天命之去留係豪傑
之去就羅其英雄則敵國自不窮秦實無人始為可
圖季良猶在則腹心之憂未去故用間之法不以豪
傑之未至為可憂而以豪傑之已去為足慮不以人
材之未附為 國家之急而以人材之外附為
國家之大患五就湯五就傑者所以為造邦之臣之
虞而虞亡之秦而秦伯者所以為伯者之佐韓信不
用於楚而用於漢此高祖之所以得天下樊若水不
官於南唐而官於我宋此 藝祖之所以得江南蓋
豪傑之士致之於 朝廷用之幕府則可以為忠臣

為義士遺之於郊野棄之於山林則可以為亂階為賊子得之於我則可以成帝王之功棄之於敵則適以資姦宄之策古之聖賢務擘英雄之心如黃石之書三略延攬英雄如鄧禹之告光武解衣推食以固其樂為我用之心吐哺握髮以啓其無鄙我之意斯為善耳不然則楊朱之歧多於南北孟軻之水決於東西天之所以資我者將轉而為資彼之具矣夏雖未亡而摯去則亡周雖未興而望至則興豈不畏哉豈不畏哉自今宜令二三大臣廣行招致幕府將帥精加延覽使無遺於草萊使無逸於郊野取之不拘於勢分用之不嫌於細故將見襄淮之翹楚江湖之

豪放荆楚劒客煙波釣徒風聞霧集臂奮髯鼓求備

吾之採擇矣是謂豪傑為間

翠微先生北征録卷之十

翠微先生北征録卷之十一

守邊待敵之策

禁涉

臣聞吳魏之爭不相与鬬智角力於長淮平坂之地而蒙衝鬬艦終歲勤動於東關濡須之間凡經數年蜀魏相持之地西自上邽東至官渡皆足以抗孔明劉禪之師而仲達諸將乃沾躰塗足於渭濵蕞尒之地何耶蓋人力所至不如天險之易守渠渭之得失三國之勝負係焉此夾水立塢之策所以力行於仲謀而吳人之江東安背水為壘之策力爭於孟德而渭南之地至是始非蜀有矣夫長淮百倍於東關何

吳人力爭東關而今日之不守淮漢江十倍於渭水何魏人死戰渭水而　今日之不守漢況我國家兼有吳蜀之地而無吳蜀守地之謀全有淮漢之險而無淮漢守險之策有志之士其能愁然於此耶且載舟覆舟天下之險莫過於水向水背水天下之巧莫出於兵因天下之至險以行天下之至巧此兵家之上謀而今日之急務也夫淮之為河清汴潁渦蔡可以通虜道者五漢之為江祕白舟甲洵洋可以入賊境者六二水之險百万之師莫越也諸將於此料其淺深闊狹之勢而曲為之防隨其逆順利害之處而切為之備則不惟漢南之地可保無虞而漢

比之地取若探囊淮南之區可以自固而淮北之區
殆若唾手而今日之事不足患矣江湖禁涉之法不
一而足臣未暇詳究也請舉其略而敷陳之故懼其
淺而步騎可涉也吾則曲鐵為鈎曳之以索謂之聚
鈎所觸無不死傷直鐵為針透之以木謂之沙針所
過無不殘滅搥竹為索紐筏為剌謂之水毛蝟所以
錐涉者之肌膚斷木為軸釘鐵為錐謂之水蒺藜所
以剌水兵之脛股煉竹為筌伏之泥濘謂之踼筌所
以毒人之脚面理柘為距置之沙淺謂之雞距所以
碎人之脚板凡此六者雖有灘磧賊安能涉我境我
懼其深而舟楫可航也吾則綴鐵鈎於浮筒之上謂

之浮鈎遇賊船則底版可沉繫索綑於江流之中謂之拒櫓遇賊船則槳棹可得採綿穰採禾稭以累賊船之梢舵而扞櫓難搖劃纆蘆劃藤蔓以礙賊船之划水而車版難踏水勢湍急則立刀口木而使賊船之底不鑿自破水勢浩渺則立曲膝錐而使賊船之扳不錐自透置撓索於水底使賊船遇之而尺寸不移兵家謂之神繫卓倒篡於水渦使賊船揍之而旋轉千匝兵家謂之兜鑽凡此十者雖有舟揖賊安能及我岸哉懼賊兵浮罌浮環以襲我之津岸也吾則造木杵造豁水於灘磧而賊不可用懼其駕飛翼搭浮橋以跨我之河道也吾則造火牌造撞筏於急流

而賊不可拖櫂其紐蘆束葦以濟也吾則斷木為查手木穿木為皂角木置之半渡之處而使其物之不可櫂其附纜結桿以濟也吾則橫木為閘河連木為截河置之未渡之時而使其具之不可至櫂吾步岸之易登也吾則立伏牛交馬使賊人之船近岸不得以下卸櫂吾壕塹之易通也吾則釘暗樁使賊人之船

席不可順流櫂賊船之乘風而前也吾則有撩風捐水以絕其帆檣之不可過櫂賊船之拽欠而至也吾則有礙竿虛木以阻其欠索之不可通上流高而下流低吾則占其上流立堰扳以灌其軍彼勢闊而我勢狹吾則因其勢堆沙囊以殺其卒賊迫岸則

立四索畨車以碎其船賊卒上岸則立獨面暗棒以捲其卒淮自桐柏以東沙淺可渡之處凡一百一十有一而備禦悉嚴漢自復河以西灘磧通道之處凡八十有九而備禦俱設詳其禁涉之法制其絕險之具賊雖帶甲百万糧運千里徒使漣泗宿亳之兵流涎於淮壖而不能絕我淮水之波唐鄧陳蔡之兵張目於荊峴而不能越我漢水之險此其為利顧不偉歟然勝在於敵人之不及知事敗於吾軍之不能秘事機之無窮一或不密則我之所以制敵者敵反得以制我矣公孫述拒岑彭述為浮橋攢鈎以拒彭之舡艫其術似矣未幾彭乃預知縱火焚橋鈎而述兵

以敗韋昭達征嶺南賊為竹籠盛沙石以拒昭達之舟楫其智非不巧也不知昭達得以預知使士卒持刀斫篾而賊兵以潰吳人之下晉可謂得策然鐵鎖截船之術一泄而不能免王濬大筏火炬之燒杜弢之禦晉師可謂盡善然桔槔打船之具一彰而不能免周訪長岐棖之拒是皆敗於輕泄而貴於善祕至若　今日淮漢守禦之策缺然不講一灘之險守以數校之義勇徒有以啓賊人餌餧之心一渡之津防以數夫之鄉兵反有以省賊人辨認之力舍淮淝千里之險而退守大江則藩籬毀而門戶可憂棄襄漢万全之利而歸保峴城則唇頰亡而齒牙何恃欲望

朝廷急令邊將講求禁涉之法保淮則淮甸可全而長江之險不被其平分保漢則荊襄可守而唐鄧之區可行於掩襲儻以為淮不可守而退守大江不知江不可守則又將退守何地儻以為漢不可守而退守襄陽不知襄不可守則又將退守何所顧陛下急賜施行無以為書生之常談而忽之此臣所謂禁涉之大略

觀釁

臣聞兵家論整整之旗則曰無邀堂堂之陣則曰勿擊何畏寧爾也蓋善用兵者惟因其釁而已釁之未至雖臥薪嘗膽十有八年不以為緩釁之既至雖一

日一夜去閒与九十里不以為速夫釁應於我者謂之機見於彼者謂之隙決在我之機投在彼之隙敵誠智者將敗亡之不繼矣然釁之在人其別有二有天釁有人釁故釁出於天良將乘之惟恐其失敵也釁出於人良將審之惟恐其誘我也所謂天釁者一曰淫雨連作營壘卑濕人馬泥濘筋角解脫二曰久雪謂積雪尋丈草木冰結居乏樵爨行迷道路三曰暴風謂迋𨗨卷折廬舍摧倒塵埃四興行陣不分四曰大雹謂霰雹亂擲人馬驚擊帷幕破傷坑塹填沒五曰星變謂天狗日飛天鼓夜擊星流彗掃墜泊其營六曰妖祥謂鼎釜自鳴戈甲自動旌旄有声屋舍

揺撼七曰暴水謂江漲河决潮作泉湧漂蕩寨伍淹
没人馬八曰火灾謂延燒城邑自燔積聚或火晝發
而行陣驚亂或火夜焚而披帶不及九曰雷擊謂風
雷雹震擊營壁燎灼林木霹靂泉石十曰旱魃謂
天時亢旱赤地千里河枯井竭人馬煩渴十一曰人
疫謂久負苦役士多病患坎舍卑濕士多疾疫遍相
傳染不容醫療十二曰馬瘟謂風土不伏水草不甘
芻秣不時劳佚不節一馬受病百槽傳毒是謂天釁
凡兩軍相持釁見於我急宜厭避釁見於敵急宜乘
擊所謂人釁者一曰移營謂舊營未徹新營未安空
便未知行陣未定二曰涉水謂道遇溪澗急涉未得

城有壕塹急攻不利士卒泥濘人馬労役三曰分兵謂将佐或去或留士卒或行或止未安厥居未及所至四曰易将謂君臣疑貳而廢置不平長貳離間而去守不一士卒不服號令未孚五曰絶糧謂糧食不通三軍外掠漕運不継将士飢餒六曰未合抵暮入營行陣未設達旦出隊擺布未定七曰陣乱鼓不知進金不知止旗不随将卒不随隊八曰兵疲渉険千里士不去甲労師数月馬不解鞍九曰令雜将帥離心而士卒無所適從朝夕異令而緩急無所聽信十曰主疑謂将帥有功而忌疾易生屯戍無功而間諜易入十一曰驚畏謂士不諳戰闘而遇敵驚惶将不

経行陣而陳師懦怯行伍夜呼而将不能禁行陣相結而令不肯前十二曰将驕謂恃勝而将佐驕矜屢撓而師徒無備十三曰得間為間諜得實而营壘可破十四曰下離謂士卒離心而號令不行十五曰内變謂家國多難災變屢興十六曰失険謂賊方恃山為固而忽移营於四達之衢拒水自安而忽移屯於圮陷之地是為人舋凡兩陣相持舋生於我則急使祕避舋生於敵則急令訪察古人之用兵所以為是進退攻守之計者一任乎舋而已故勝兵先勝而後戰不於已戰之後而始求其所謂勝合於利而動不於已動之後而始求其所謂利

今日沿邊諸道將帥所謂天釁者不知其為何物所謂人釁者不知其為何事兵入宿州天雨不止正犯天多淫雨之戒師宿蘄縣渙水暴興正應半渡可擊之法不惟天釁之不知且反以在我之釁而示敵人以可破之機矣蔡州之役大將欲進而制領已歸泗州之役士卒欲守而招撫先遁不惟人釁之不曉且反以吾師之釁而獻敵人以可投之隙矣欲望朝廷明詔將帥使循觀釁之法深溝高壘觀釁而後動銳兵利器待釁而後發多設間諜厚賂採探有釁可攻則戰如風發攻如河決無釁可乘則外閉其營内休其士庶無輕舉妄動之失是謂觀釁　十二卷終

翠微先生北征録卷之十二

足兵便民之策

勸募

臣聞聖賢之舉事所以不令而行不約而從者固自有感化之道至於驅之以刑罰而民猶爾違迫之以勢力而民愈我戾者皆狃於蹈常襲故之中溺於形格勢禁之内而未得夫感化之妙也弧矢之利發於東而西自應桔槔之利運於左而右自隨天下之理未有無激昂勸勵之術而能直施之者

國家近日招軍惟知給降度牒官誥發付諸州變賣以供招軍之費不知省部倦於行移而州縣視為常

度告命積於架閣而支遣急於星火文牓徧於通衢而投買幾於絕跡是何調度之勞而成效之邈耶殊不知以官誥度牒而賣錢則錢難賣而倍費支持以官誥度牒而招軍則軍易招而兩皆勁便盖

今日招軍之資用有三曰鬻爵曰獻粟曰度牒皆所以調招軍之費也然鬻爵之文布滿墻壁而爵未盡鬻獻粟之諭徧下州縣而粟未聞有多獻者盖買官獻粟素係雜流人皆知其不能遠到雖優之以免銓比之以奏薦而民間終不願售者以

紹興之間皆以此誘天下至承平則又以流外官待之矣此所以終不見信於天下也魏公張浚嘗得此

濟時之策曉諭民間招軍一百人與補下班祗應招軍二百人與補進武校尉招軍三百人與補承信郎已上各有差等令不兩月軍致數萬此其為効速若影響其招軍之家自備錢糧部轄起發至樞密院及兩宣司者比類與補文資並依軍功轉行立為定制畫一加詳貼告天下至於度牒則招軍五十人與剃一僧招軍一百人與剃兩僧如此則招軍之費不緊而招軍之門（自廣是謂勸募）

省運

臣聞士不費粮古人所慮師不宿飽智者所憂蓋養兵所以衛民豈可為兵而殃民哉此省運之説不可不講也韓信有百戰百勝之才非蕭何之不絶粮道

則何以成誅秦蹙項之功孔明間關百戰卒窘於餽餉不足終身於區區之巃蜀不能復中原一塊之土是知兵食之有餘不足可以卜事業之成否而轉輸之勞漕運之苦有司皆不暇恤也況夫用兵之策莫大於足兵足兵之策莫大於擾民民擾則心失心失則怨起怨起則釁生釁生則吾舟中之人皆敵國矣蓋足軍則民力必勞裕民則軍食必缺較二者之重輕蓋有不容徧徇其說者果何道以處此哉與屯田以省支費浚水道以便轉輸二者當今之急務也屯田之策姑置不論而水運之利蓋有可考者蕭何發敖倉之粟以飽韓信卒秦下趙之師皆得之於河渭

之順流諸葛孔明下巴蜀之粟以濟江陵荆州官渡之兵萬山之間跬步千里乃寄漕於木牛流馬而藉其力於嘉陵一江之水隨人開汴水以通淮漕吳大置京口閘以通江南之粟是皆鑿山成池掘地通流以濟人力之不及況

今日屯兵之地非依淮泗之利則憑江漢之濱非通津於淮東川澤之鄉則接境於巢湖芍陂波濤之險初不勞一毫開墾之力而今之漕臣皆不能講求溝洫討論源流修填起塞修廢起舊以備緩急轉輸之用乃驅塗炭之民肩山阜之粟賫萬死之命赴千里之役中有室家流離之憂外有霜雪暴露之苦進有

賊人虜劫之險退有監臨驅迫之誅一戍樵蘇千里魚肉其可不求夫形勢之便川澤之源舟楫之利而使征夫役吏息肩弛擔耶迫淮自喻口至山陽自山陽至淮陰自淮陰至招信自招信至盱眙則高郵邵伯皆通大江風帆浪楫一日千里何待於肩運耶自濠梁至定遠自定遠至渦口自渦口至合肥至南巢則大澗淝水皆通巢湖檣竿所指一舟之載萬夫之負何待於肩運耶自花靨至安豐自安豐至舒城自舒城至北峽自北峽至三灣則烏沙陶域皆與芍陂巢水相通決堰作灘猶勝於僕僕道途顧何在於重勞民力也以至德安則有安河復沙則有復河郢州

則有漢江襄陽則有襄江荊門則有淇漳二水京南則有寸金一堤以至華陽棗林青崗白石皆有小溪曲澗可通漢右惟餘葺治水道川陸俱運坦夷則車推轂載馬馳驢負險阻則舟行纜解風送水流不惟可以少紓民力而糧出多道亦可以免斷刼之患至如淝水可以灌合肥東關可以灌西縣黃姑可以灌廬江烏沙可以灌舒城桐陂可以灌桐城吳塘可以灌龍舒芍陂可以灌安豐西流河可以灌英六澮河可以灌復沙楊林江可以灌歷陽後湖可以灌鄰都凢川源之於州縣皆有高下丈尺平水之法毫末不差此又江湖不傳之妙是謂省運

廣士

一軽捷將　招善上竿立索者充

一聽望將　招耳聾目瞽者充

一筋角將　招善製弓弩者充

一偷劫將　招善攻營襲寨者充

一波濤將　招善弄潮泛水者充

一煙火將　招善飛煙走炮者充

一伏兵將　招善搜伏隱蹤者充

一游獵將　招善羅弋禽獸籠檻教使者充

一樓閣將　招善緣墻上壁者充

一窟穴將　招善穿窟穴者充

一洋海將 招識海道者充

一風雲將 招善卞風驗雲者充

一間諜將 招善聽探事務者充

一鄉導將 招曾歷內外道路者充

一皮革將 招善熏皮雙線者充

一樓櫓將 招善斤斧繩墨者充

一油漆將 招善煎油髹漆者充

一機柱將 招善機織羅錦者充

一鋒刃將 招善煉鋼團鐵者充

一丹青將 招善揮染繪畫者充

一機巧將 招彫鐫裝塑者充

一醫人將　招善醫人者充

一醫馬將　招善醫馬病者充

一毒藥將　招善修合藥餌者充

一辭説將　招善游談下説者充

一營寨將　招善卞形驗勢者充

一孤虚將　招善灼龜揲易六壬太乙者充

一潛身將　招善無火夜行者充

臣聞高祖以販繒屠狗之徒而得天下田文以雞鳴狗盜之徒而保其軀韓信驅市人而破趙王霸募市中人而敗王郎是皆招軍取士不拘於一門兼收並蓄不徇於一節故隨所寓以用人隨所用以成事使

在彼無弃材在我無遺用也近年以来
國家招軍立為定法及等伏者方為招收而身材矮
短所不欠毫末則雖勇如關張亦所不招無殘疾者
方為剌補而指斷目眇略有小疵則雖智如良平亦
所不剌自侍衛三司至江上諸軍例皆拖以等伏拖
以年齒更拖以犯徒剌環而未嘗破格收剌一人豈
知及等伏者未必剌皆可用之士有殘疾者未必皆
可弃之材雖年未十六年逾六十而武藝過人雖嘗
嘗犯徒項嘗剌環而材武無敵豈可拘於定制並行
弃逐使居山林伺生它变是必廣行招致随材任用
故自正兵之外復收諸色材技分為二十八將各置

隊伍教以本色材技兼習武藝戰鬭則普天之下無非可招之軍四海之内無非可用之卒三司五駐與夫沿邊諸屯戍自無兵少之慮矣是謂廣士

實邊

臣聞漢募民塞下而匈奴不犯唐招募雄邊子弟而劒南以平前日淮漢之民相望千里其不死於兵革者皆流徙於江南諸郡大江之南山多田少平居無事猶藉兩淮全漢馬驢驢負川推陸運以給歲月今淮漢之民反聚食於倚糴之地是宜米價騰湧併與江南之人均成餓莩甚至都城之間張指於道者歩武相踵

朝廷惟知行下淮漢州軍召人歸業不知淮漢之民疲於科需憚於征役視守令如此仇讎畏吏卒如夷虜今雖摩頂放踵挈而置之衽席之上彼亦將疑彼有司拘籍為伍復驅而之死地耳為今之計莫若行下沿江渡口一帶州郡沿路夾截官舍寺觀置為程驛措置錢粮各給小券分差官吏置局起發限以里數拘以程限分道立驛遣還元所先令有司立為賞格出牓曉諭淮漢土豪形勢之家招集其鄉里招收其佃僕結為甲伍使之揔轄計口給券沿路批支候歸本所無屋可居者給瓦木無田可耕者給牛種，集千人者補副尉三千人者補承信郎其多寡遠

差如此則不惟淮漢之土豪形勢咸願鼓
以歸鄉里將見江浙富民亦願輸其家資倡
民渡江以求招致之賞矣是謂實邊

翠微先生北征録卷之十二終

翠微先生華岳字子西在宋史忠義十其南征錄北征錄皆不著於藝文志南征錄詩居十九即其別集此北征錄皆兵家言近盧氏召弓志補亦著於別集類列也惟云十一卷者依此是十二卷蓋俗本誤併其一卷耳世鮮傳者得觀於讀未見書齋楮墨間古香噴溢三數百年物也令人於肅然起影中仰愛玩不忍釋手云嘉慶庚申顧廣圻記

四十一番　揔三冊一伯一十六番